à Peter s.j.
amitiés in Xto

[signature]

Les Productions Philiber
collection Pause-joie

OUI, la joie ça s'apprend!

Gilbert Charron

OUI, la joie ça s'apprend!

Les Productions Philiber
Collection Pause-joie

1997

ment qu'accompagnait la fallacieuse certitude qu'il n'y avait pas d'issue. "Je ne m'en sortirai jamais" se disait-il sans cesse.

Les paragraphes qui précèdent décrivent un peu ce que vivait celui qui vous offre ce livre rempli d'espérance : "Oui, la joie ça s'apprend!" L'état d'âme décrit appartenait à quelqu'un de très ordinaire : bonne santé, assez doué pour faire facilement des études universitaires, vivant un mariage plus que convenable, père d'un fils que beaucoup m'envient. Je ne suis pas alcoolique, narcomane ou souffrant d'une des nombreuses codépendances dont on parle de plus en plus.

Je suis très <u>ordinaire</u>, issu d'une famille dysfonctionnelle <u>ordinaire</u> : mes parents ne s'aimaient pas et chacun, à tour de rôle et en toutes occasions, me disait les lacunes de l'autre comme si je devais prendre parti. Mes relations avec mon père furent particulièrement difficiles. Ordinaire, ça aussi. Mes milieux de travail? Ordinaires! Je suis supposé être heureux. C'est ça être "normal". Voilà, je vis mal, je ne suis pas heureux, je suis donc mal-heureux, un <u>mal-heureux ordinaire.</u>

J'ai découvert qu'il y a des centaines, des milliers et peut-être des millions de <u>mal-heureux ordinaires</u> qui vivent ce que j'ai vécu. De toute évidence, je m'en suis sorti et je suis heureux, très heureux. Mais la démarche a duré une vingtaine d'années. Depuis une dizaine d'années, j'ai pu enseigner à quelques centaines de <u>mal-heureux ordinaires</u> que "oui, la joie ça s'apprend!" Cet opuscule est le fruit d'une expérience. J'ai fait un cheminement qui m'a permis de passer de la tristesse à la joie, du désespoir à l'espérance, d'une vie de lourdeur à une vie d'enthousiasme et d'une espèce de mort de l'âme à une vie remplie de signification.

Forcément, ce livre porte l'empreinte de ma formation, de mes options et de mes valeurs. J'ai une formation universitaire en philosophie et en théologie. Mon cheminement m'a amené à explorer, de façon sérieuse mais autodidacte, les sciences humaines et, en particulier, la psychologie. Pour la dimension spirituelle de la joie, j'ai conservé et amplifié mon adhésion au christianisme. Je le fais sans fanatisme et dans le respect du cheminement de chacun. Dans le domaine de la psychologie, j'ai opté pour la logothérapie du Dr Viktor Frankl qui situe le spirituel et la recherche d'une vie signifiante au coeur de la nature de l'homme.

Ce livre veut être votre ami, votre compagnon, un de vos livres de chevet. J'espère que vous le trouverez de commerce facile. Il a été construit selon la formule bien connue de <u>voir-juger-agir</u>. On découvre, on explique et on aboutit à des exercices dont vous comprendrez le bien-fondé et découvrirez l'efficacité si, bien sûr, vous décidez de faire l'effort nécessaire.

Je vous offre donc ce petit livre dans l'espérance que vous y trouverez des éléments de solution et retrouverez les apaisants et féconds sentiers d'une joie durable, d'une vie qui vaut la peine d'être vécue pleinement.

Gilbert Charron

Note sur l'usage du masculin

L'auteur a opté pour l'utilisation du masculin lorsqu'il s'agit de décrire les êtres humains des deux sexes. Ce choix s'est fait exclusivement par souci de clarté et dans le seul but d'alléger le texte. Il n'implique en rien une diminution de son appui bien connu et inconditionnel à l'égalité absolue des femmes dans la société civile et dans l'Église à laquelle il appartient.

Première partie

Chapitre premier
Comment ça va ?

Que vous ayez vingt ou soixante-dix ans, vous avez vécu votre vie jusqu'ici avec la ferme intention d'être heureux. Cependant, pour dire vrai, si vous ressemblez à la vaste majorité des humains, vous sentez la joie vous échapper et vos tripes vous crient que la vie dont on rêvait hier se doit d'être plus emballante, plus savoureuse et plus satis-faisante. Pourtant, la majorité constate que le quotidien devient un fardeau de plus en plus lourd. À vrai dire, un nombre croissant trouve que la vie est devenue difficile à sup-porter et chaque jour semble se présenter comme un devoir de plus en plus pénible. Alors on se sent emprisonné, même pris au piège, par les plutôt normales responsabi-lités de la vie. On est le témoin perplexe de la diminution constante de sa résistance devant les inconvénients et les déceptions normales de toute existence humaine. Bref, la joie tant recherchée et désirée n'est pas au rendez-vous, et on se joint aux millions de mal-heureux ordinaires qui subissent leur vie plutôt que la vivre, qui sont tout sauf les maîtres de leur existence et les architectes de la joie pour laquelle ils ont été créés.

C'est remarquable combien la plupart d'entre nous ignorons les vérités les plus élémentaires gouvernant notre existence. Nous devons constater avec souffrance que malgré les admirables succès de la technique et de la science, exploits de l'intelligence humaine qui promettaient à tous le bon-heur sans efforts à très brève échéance, la vie de beaucoup d'entre nous, même au sein de l'opulence sous toutes ses formes, continue d'être largement caractérisée par trois D majuscules : <u>le Désenchantement, le Désespoir et la Dépression.</u>

<u>Or, tout être humain désire vivre les valeurs suivantes :</u>
<u>AIMER - ÊTRE AIMÉ - PARTAGER -S'ÉPANOUIR.</u>

Moins ces quatre valeurs se réalisent dans une vie, plus les trois D majuscules sont en ascendance. Le moindre regard sérieux sur notre société révèle que la violence, le suicide, la criminalité, les codépendances de toutes sortes sont aujourd'hui en croissance géométrique. On marche sur la lune, on effectue des opérations à coeur ouvert in utero!, on transplante des organes, on communique dans le "village global" instantanément par voie électronique de mille manières qui, hier encore, relevaient de la plus pure science-fiction.

Pourtant les trois D continuent de croître, la joie personnelle se fait rare, les couples s'effritent, les familles éclatent, tandis que des millions de jeunes et de moins jeunes sont mal-heureux au point de se perdre dans la drogue ou le gang plus ou moins criminel. Finalement la triste statistique du suicide surtout chez les jeunes continue de nous rappeler que notre société, nos familles et nos autres institutions ne créent pas un climat favorable à l'épanouissement des individus. Constatons que même la personne la plus forte et la plus avertie évite difficilement et rarement l'un ou l'autre des trois D majuscules. Il est utile de souligner ici ce que des penseurs d'aujourd'hui et d'hier ont pu dire ou écrire sur la condition humaine.

Voici :

"On va dans la lune : Si c'est pour s'y suicider, ça n'avance à rien ....(André Malraux)

"Les hommes n'ayant pu guérir la mort, la misère et l'ignorance, ils se sont avisés, pour se rendre heureux, de n'y point penser ....(Pascal)

"Peu importe quels seront demain l'aspect des cités, la forme des maisons ou la vitesse des véhicules...Mais quel goût aura la vie ? ....(Jean Rostand)

Les aspirations les plus intimes de la vie pour la plupart pourraient s'exprimer en ces trois termes très concrets :

- "Je <u>désire</u> connaître une joie réelle, connaître ma source et ma finalité et développer mes potentialités."

- "Je <u>désire</u> mener une vie de couple harmonieuse, sereine et épanouissante."

- "Je <u>désire</u> que mes enfants soient heureux."

Ces aspirations se retrouvent dans tout l'univers, dans tous les temps et dans toutes les cultures. Elles sont tellement universelles qu'on peut dire qu'elles sont parmi les principales composantes de la <u>joie de vivre</u>. Il est remarquable combien ces aspirations s'inscrivent dans notre intimité, combien elles font partie de notre dialogue intérieur le plus secret et le plus personnel. Il est absolument <u>normal</u> de vouloir vivre une vie heureuse où nous aimons, nous sentons aimés, connaissons les douceurs du partage et ressentons l'élan intérieur que crée une vie signifiante et épanouissante. Déjà on trouve là d'importants ingrédients d'une vie de JOIE.

On croirait qu'un désir aussi viscéral que la joie dans notre vie ferait l'objet d'une constante préoccupation et d'un effort éclairé et systématique de la part de chacun. Mais non! Regardons ça de plus près et écoutons-nous parler :

Question : "Comment ça va?"

Réponse : "Pas pire, ça pourrait allez mieux, mais ça coûterait plus cher."

Réponse terne, sans ressort, sans conviction. Une réponse sans signification, une réponse, n'ayons pas peur des mots, in-signifiante à une question qui porte sur la qualité même de notre vie.

Pis, bien pis! Si la question demandée obtient par exception cette réponse : "Sais-tu, ça va merveilleusement bien!", on regarde le répondant d'un oeil qui dénote une surprise frôlant la stupéfaction. C'est comme si la joie dans notre vie était le fruit d'un coup de dés ou l'effet d'une mystérieuse loterie. C'est le monde à l'envers! Voici un être normal qui trouve que sa vie va comme il se doit et on le prend pour une "quasi-rareté"!

<u>Chapitre deuxième</u>

La joie est une décision et c'est "ben d'l'ouvrage"

Nous sommes libres et c'est vraiment notre capacité de prendre des décisions libres qui nous distingue des animaux. Nous décidons, par exemple, de nous marier, de demeurer marié, de divorcer, d'avoir ou de ne pas avoir des enfants, d'acheter une Ford ou une Chevrolet, d'investir à la bourse ou non, de choisir la philatélie ou la menuiserie comme passe-temps, de voter pour ou contre le gouvernement, de mentir ou de dire la vérité, d'être fidèle ou infidèle, etc. Bref, notre vie est une série ininterrompue de choix et de décisions libres.

QUESTIONS :

1 - Quels sont les choix qu'il faudra faire pour connaître une joie véritable ?

2 - La joie serait-elle un fruit du hasard comme le gros lot d'une loterie?

3 - La joie ou la tristesse seraient-elles comme le climat? Pour certains le soleil et pour d'autres la tempête?

4 - Si nous sommes libres et capables de décisions, comment se fait-il que la construction d'une vie de joie ne soit pas une priorité consciente etresponsable de l'organisation de chacune de nos vies?

ÉLÉMENTS DE RÉPONSE :

1- En fait, la lucidité et le courage sont les véritables et fécondes origines des décisions qui construisent une vie de joie, une vie signifiante (plutôt qu'insignifiante).

2- Il est évident que le monde a ses problèmes : guerres, vols, meurtres, maladies, génocides, terrorisme, injustices, mensonges, rejets et trahisons. Il est certain aussi que chacun trouvera des lacunes dans sa propre vie, et peut-être même certaines ordures, surtout s'il s'obstine à ne regarder que dans ses poubelles intérieures.

3- On ne nous a jamais enseigné que notre joie était notre responsabilité personnelle; on ne nous a jamais enseigné comment être heureux; on ne nous a jamais dit qu'une vie de joie résultait d'un comportement appris plutôt que d'un simple comportement automatique et instinctif.

4- C'est pourquoi, malgré toute notre bonne volonté et notre insatiable désir d'être heureux, nous devenons souvent et à notre insu, notre pire ennemi.

5- La très grande majorité des personnes qui se disent et se sentent tristes ne sont pas des malades ayant besoin de psycho-thérapie ou de psychanalyse. Elles ont besoin tout simplement d'apprendre comment vivre une vie heureuse, à dé-faut de quoi, vivant mal leur vie, elles se sentent mal-heureuses et leur entourage sent qu'elles le sont.

Ce livre est donc fait pour ceux qui, par manque de ces précieuses connaissances, sont devenus des mal-heureux ordinaires! Pourquoi les nommer ainsi? Pour les dis-tinguer de ceux qu'on pourrait appeler des mal-heureux extra-ordinaires : alcooliques et toxicomanes actifs, jaloux maladifs et obsessionnels, violents, déviants sexuels, pédérastes, compulsifs et psychotiques de tous ordres.

Pour tous ceux qui se reconnaîtront comme étant des mal-heureux ordinaires et qui sont vraiment fatigués de l'être, le premier pas consiste à vraiment décider de prendre les moyens d'être heureux. En effet, c'est à la fois aussi simple et exigeant que cela :

"ÊTRE HEUREUX EST UNE DÉCISION"

Cette décision, pour être efficace suppose qu'on perçoive et accepte au point de départ qu'être heureux soit :

"BEN DE L'OUVRAGE"

(un canadianisme pour dire : "travail demandant un effort constant").

En effet, cultiver sa joie c'est un peu comme cultiver des roses. C'est "ben de l'ouvrage!" Supposons que je désire faire pousser des roses dans ma cour, autant que je voudrais pouvoir dire avec enthousiasme : "Je suis <u>heureux!</u>" Supposons aussi que malgré mes efforts depuis des années, je ne réussis pas à voir fleurir dans mon jardin les roses tant désirées.

Je <u>décide</u> donc de me rendre chez le meilleur horticulteur et lui demande de m'offrir ses plus belles et plus vigoureuses pousses de roses. L'horticulteur me demande où je vais planter ces précieuses pousses et je lui réponds : "Dans ma cour arrière". Il me dit alors : "Mon ami, il faut <u>travailler</u> fort, préparer le sol, le labourer, l'enrichir d'engrais et l'épierrer avant qu'il ne soit prêt à recevoir ces excellents plants." Je le remercie et me dirige vers la sortie quand il me rappelle vers lui pour me dire : "Il vous faut savoir et faire autre chose, car même si vous préparez le sol comme je viens de vous le dire, il est possible que vous ne réussissiez pas à voir ces roses fleurir chez vous." Consterné et un peu découragé, je lui demande pourquoi et le spécialiste poursuit mon éducation en disant : "Vos roses n'ont pas que les amis dont je vous ai parlé, elles ont aussi des ennemis tels le manque d'eau, l'invasion des mauvaises herbes qui risquent de les étouffer et les insectes qui pourraient manger leurs feuilles. Résultat? Des fleurs ternies, ché- tives, désagréables à voir et peut-être, pas de fleurs du tout."

Il m'a donc fallu conclure que la culture des roses tant désirées n'allait pas de soi et qu'il me fallait connaître les amis de mes roses pour les accueillir <u>et</u> leurs ennemis pour les combattre. Bref, il me fallait recon- naître que la culture des roses était "ben de l'ouvrage!"

Il en va de même pour la culture de la joie dans une vie. Nous voulons être heureux, mais nous ne savons pas <u>comment</u>. On ne nous l'a jamais enseigné, car les générations qui nous ont précédés ne savaient pas non plus que <u>"oui la joie, ça s'apprend"</u>! et que la joie est une <u>décision</u> exigeante et largement un comportement qu'il faut apprendre et maîtriser. Il faut donc <u>décider</u> d'être heureux et <u>apprendre</u> à connaître les amis et les ennemis de sa joie pour donner toute la place aux uns et livrer une bataille sans merci aux autres. Simple? Oui. Facile? Non. C'est "ben" de l'ouvrage.

Faisons le point

Jusqu'ici nous avons constaté que :

1- Les vérités les plus essentielles à notre qualité de vie nous échappent alors que les trois D majuscules semblent de plus en plus en croissance dans un monde où la science et la technique déçoivent nos aspirations les plus profondes.

2- Une vie heureuse et remplie de joie est d'abord une décision.

3- Cette décision et cet apprentissage demandent beaucoup d'effort et de persévérance.

24

Chapitre troisième
Le mot "RÉUSSIR" et quelques images

Pour voir plus clair dans notre démarche, il est utile de nous arrêter à certains mots et expressions démontrant comment le vocabulaire, les raisonnements et les perceptions des mal-heureux ordinaires décrivent la confusion dans laquelle baigne leur vie.

Réussir ?

Commençons par le mot "réussir". Couramment lorsqu'on dit de quelqu'un : "il a bien réussi", on parle surtout et presque exclusivement de sa réussite économique, professionnelle et sociale. Dans ce sens (hélas! le plus usuel), le mot "réussir" se conjugue plutôt avec le verbe AVOIR. La personne EST ce qu'elle A et si elle cessait d'AVOIR, (argent, pouvoir, renommée, etc.) en un certain sens, elle cesserait d'ÊTRE.

Cette perception de la <u>réussite</u> est tellement répandue que la personne dans notre société est définie par ce qu'elle produit matériellement (profession, métier, commerce ou tout autre travail). C'est si vrai que la personne en chômage ne réussit pas à se définir; c'est une espèce de "nobody", un non-être. Remarquons aussi que la personne à la retraite se décrit presque toujours comme un <u>ex-accomplissant</u> telle tâche.

Force est de reconnaître que dans la vie, le travail est nécessaire, inévitable et, dans les circonstances requises, valorisant. Évidemment, on ne peut impunément escamoter les réalités matérielles et économiques. Cependant, dans la construction d'une vie de joie, "réussir dans la vie" (avoir) ne veut pas nécessairement dire "réussir sa vie (être). Tout au long de cette démarche nous découvrirons quelle sorte de personne nous <u>sommes</u> vraiment, quelle <u>sorte</u> de personne nous voulons devenir. Nous examinerons de près ce qui se passe entre nos deux oreilles, dans la profondeur de notre coeur, dans ce coin profond et intime, où nous sommes le seul visiteur, là où, dans le silence et la réflexion nous sommes vraiment face à nous-mêmes. Nous chercherons ensemble l'espace intime et intérieur où le mensonge et l'illusion ne sont plus possibles.

Le mot "réussir" étant clarifié, passons maintenant à un faux raisonnement trop répandu qui s'exprime ainsi : "Je ne comprends pas ces personnes, car elles ont **tout** ce qu'il faut pour être heureuses, mais elles ne le sont pas!" Cette constatation, une fois énoncée est suivie d'une énumération qui ressemble à celle-ci : ces personnes ont maison, chalet, quelques autos récentes et dispendieuses, piscine creusée avec patio, bon emploi, bon revenu, bon standing, bonne santé, beaucoup d'influence, une confortable retraite en perspective, etc.(remarquez le verbe "avoir")

Le drame de cette perception très courante réside dans le fait que nous ne continuons pas le raisonnement pour tirer les conclusions qui s'imposent. Si les personnes dont on parle ont tout ce que nous venons d'énumérer et sont, malgré tout, mal-heureuses, une joie véritable leur échappant, il faut, en toute logique conclure que tout ce qu'elles ont **ne constitue pas** les éléments dont est fait le véritable bonheur humain. Il faut ici comme pour l'expression : "réussir sa vie", reconnaître que ce que nous <u>sommes</u> plutôt que ce que nous avons déterminé, si oui ou non nous sommes sur le chemin de la joie.

<u>Quelques images peuvent aider...</u>

<u>LE MIROIR DÉFORMANT</u>

Passons maintenant aux images. Je ne sais s'il vous est déjà arrivé, lors d'un carnaval, de visiter la maison des miroirs. C'est absolument marrant! Des miroirs multiformes, convexes, concaves, torses et arrondis vous renvoient les images les plus monstrueuses de vous-même : un corps immense et ondulé surmonté d'une tête minuscule; un corps élancé et tordu surmonté d'une tête immense, les yeux étant à une distance d'un mètre l'un de l'autre, etc. Tout cela est drôle et aucunement intimidant, car on sait que le miroir n'est pas fidèle à la réalité.

Mais ne serait-il pas tragique si quelqu'un percevait le miroir déformant comme un miroir précis, renvoyant ce qu'il croit être son image véritable! Pourtant cette erreur est courante chez tellement de mal-heureux ordinaires qui ont, nous le verrons, une

28

image tragiquement déformée d'eux-mêmes, image qu'ils croient être la vraie! Une bonne partie de notre démarche consistera à redresser ce miroir déformant afin qu'il reflète la vraie et splendide personne que vous êtes.

MON CHEVAL

Un cheval à l'épouvante fournit une autre bonne image du <u>mal-heureux ordinaire.</u> Lorsque j'étais plus jeune, tout était livré par cheval et voiture : le lait, le pain, le bois, le charbon, la glace, l'épicerie, etc. Près de chez moi, le livreur de pain venait dîner chez lui à tous les midis. Son cheval et sa voiture l'attendaient à la porte. J'avais "adopté" ce cheval. Pour lui, j'amassais mes croûtes de pain, mes épis de maïs et, de temps en temps, une belle pomme rouge. C'était <u>mon</u> cheval. Il me regardait l'approcher, les oreilles pointues et les yeux gourmands. Je tenais mes précieuses offrandes dans le plat de ma petite main de bambin de six ans et mon cheval, mon cher, cher "King", qui pesait 600 kilos, penchait sa majestueuse tête et ses lèvres veloutées et caressantes happaient toute mon offrande sans qu'il y ait le moindre danger que ses gigantesques dents me blessent. Ce rituel se déroulait à tous les midis. King et moi, de vrais copains, vivant quotidiennement une douce, sereine et mutuellement satisfaisante amitié. C'était de l'amour ou presque!

Mais voici qu'un midi comme tant d'autres, je courais vers King qui m'attendait et exprimait sa joie par son habituel hennissement fait de la joie de me voir et de son insatiable gourmandise. Voici que la pétarade d'une automobile du voisinage lui fit peur! Mon cheval bondit comme si on l'avait fouetté et il paniqua. Près de trois quarts de tonne d'animal terrifié se mit à courir aveuglément! La voiture de pain accrocha la Cadillac du Docteur P. et se renversa, les pains multiformes s'éparpillèrent sur un côté de la rue et les beignes au miel de l'autre. Le harnais se brisa et, libéré d'une partie de la voiture, mon "ami" épouvanté semait terreur et destruction partout où il passait. J'étais là, moi, son meilleur ami, debout sur le trottoir, mes petites mains pleines de ses mets favoris. Mais King ne me voyait même plus tellement il avait peur.

Sa peur aveugle et paralysante l'avait rendu absolument incapable de voir et d'apprécier ce qui lui était offert, ce qui dans sa vie réelle était disponible et bénéfique.

On l'a finalement rejoint et arrêté beaucoup plus loin, tout en savon. Il tremblait des sabots à la crinière et ses yeux hagards témoignaient de la terreur qui habitait chaque molécule de son être. Tranquillement on le calma, on lui enleva doucement les lambeaux de harnais qui restaient, on le transporta dans un van vers l'écurie où il put reprendre ses sens. Je ne l'ai jamais revu.

Une amie poétesse et écrivaine, Rita Amabili, à qui je décrivais l'image du cheval à l'épouvante, m'a dédié ce poème que je partage avec vous et je la remercie.

Voici :

LE CHEVAL
(poésie dédiée à Gilbert Charron)

Il y a très longtemps, comme disent les contes
La vie me racontait les journées qu'on affronte
Pour l'apprendre par coeur à s'en briser le coeur
Pour l'apprendre d'un coup à en devenir...doux
Tout près de ma maison se tenait un cheval
Pour l'enfant que j'étais c'est l'ami idéal
Ô ma joie et la sienne quand à chaque matin
Je courais le rejoindre une pomme à la main

Il sentait mon approche et m'appelait gaiement
Je devinais ses yeux à chaque mouvement
Mon cheval, mon cheval. Je devine ton sourire
L'affection à six ans on doit se le redire.

Un jour qu'il saluait de son hennissement
ma venue du matin et mon amitié d'enfant
Un bruit a déchiré soudain notre environ
Mon coeur a bondi comme celui de mon compagnon

Il est parti sans moi, la peur poussant ses pas
La voiture qu'il tirait volant en mille bois
Mon ami, son harnais douloureusement brisé
S'éloignait tellement loin de moi et de mon amitié

Et je suis resté là serrant toujours ma pomme
À fixer mon ami maîtrisé par les hommes
Qui n'avaient pas pour lui de ces liens d'enfants
Qu'on croit pouvoir durer au-delà de tout temps

Il y a très longtemps, comme disent les contes
La vie me racontait les journées qu'on affronte
Pour l'apprendre par coeur à s'en briser le coeur
Pour l'apprendre d'un coup à en devenir...doux

Ils ont pris le cheval tremblant et les yeux fous
L'ont amené fermement au loin, je ne sais où
Même maintenant je sais que je portais en moi
Tout ce qu'il fallait pour lui donner la joie

Il y a longtemps, comme disent les contes
Mon cheval est parti je ne l'ai plus revu
La vie me racontait les journées qu'on affronte
Et moi j'avais pour lui...Ô mais s'il avait su...
Amicalement, Rita Amabili

Beaucoup de <u>mal-heureux ordinaires</u> me font penser à mon cheval courant à l'épouvante. Ils ne voient pas toutes les belles et bonnes choses que leur offre leur vie, tellement ils vivent dans la peur et la panique. Une bonne partie de la démarche proposée consiste à arrêter le cheval épouvanté qui peut-être vous habite. Vous pourrez alors découvrir la personne extraordinaire que vous êtes, de même que les beautés présentes dans votre vie.

<u>BONNES NOUVELLES !!!</u>

Une autre image permet de comprendre comment le <u>mal-heureux ordinaire</u> construit ou détruit sa joie selon qu'il se perçoit comme étant une bonne ou une mauvaise nouvelle. Pour illustrer ce point, imaginons que votre voisine est la proverbiale commère que définit ainsi M. Larousse : "une personne curieuse et bavarde".

Supposons que votre époux vient de perdre l'excellent emploi qu'il occupait depuis une vingtaine d'années parce qu'il fut pris en flagrant délit, à plusieurs reprises, à consommer des boissons alcooliques dans le laboratoire où il avait à effectuer des expertises très délicates. Voilà une <u>mauvaise nouvelle!</u>

Vous croisez votre voisine, la commère, qui vous demande : "Comment ça va?". Vous répondez laconiquement et sèchement : "Ça va bien", et, feignant une urgence, vous continuez votre chemin, soulagée de n'avoir pas à faire face à d'autres questions qui vous forceraient à dévoiler le secret qui vous fait tellement honte et souffrir. Votre malaise est si grand que, si la commère réussissait à vous confronter, vous seriez, vous, honnête et franche, tentée de mentir en inventant une maladie ou en décrivant un inexistant congé spécial ou Dieu sait quoi d'autre. On ne partage pas les mauvaises nouvelles qui nous feraient perdre la face, qui dévoileraient une image négative de soi.

Supposons, au contraire, que votre époux vient d'obtenir une substantielle promotion avec tout le prestige et les revenus additionnels qui accompagnent généralement un tel événement heureux. Votre voisine, la commère, n'aurait pas le temps de poser la première question que vous lui aurez déjà tout décrit, avec force détails, la bonne fortune qui vous arrive grâce à votre "brillant" conjoint. On est toujours empressé de répandre les <u>bonnes nouvelles</u> qui nous arrivent.

Les spécialistes du comportement sont de plus en plus d'opinion que le <u>mal-heureux</u> se voit lui-même comme des <u>mauvaises nouvelles</u> à un point tel qu'il se comporte un peu comme le papillon qui voudrait retourner dans son cocon. Il ne voit à peu près rien de bon en lui-même et encore moins dans les autres.

L'analyse de certains mots et l'utilisation de certaines images et comparaisons sont faites ici pour illustrer que la source de beaucoup des malaises intérieurs du mal-heureux provient justement de **perceptions et attitudes** similaires à celles décrites ici. En gardant ces images à l'esprit il sera plus facile de saisir que "oui, la joie ça s'apprend" et que la qualité de chacune de nos vies dépend de chacun de nous.

Chapitre quatrième

Le profil psychosocial du
<u>mal-heureux ordinaire</u>
Notes préliminaires

1- Suivent ici certains traits souvent retrouvés chez ceux à qui échappent une vie de joie. Il importe de souligner qu'il s'agit ici de sciences dites humaines et non de sciences mathématiques. Plutôt qu'une description nette et précise, sont présentés ici certains symptômes caractérisant une manière de vivre qui est propre au <u>mal-heureux ordinaire</u>. Cette démarche permet l'exploration des espaces intérieurs pour découvrir des manières de penser et d'agir qui produisent chez la majorité le malaise intérieur nommé "tristesse".

2- Dans tous les ateliers de Pause-joie, je dois rappeler aux participants que, de la même façon qu'ils ne peuvent accuser "les autres" d'être totalement responsables de ce qu'ils sont devenus, ils ne peuvent non plus être tenus totalement responsables des traits et attitudes qui les empêchent de connaître la joie. Donc, en jetant ce regard sur nos vies, évitons de cultiver indûment la culpabilité. Nous l'avons déjà dit : "c'est avec la meilleure bonne volonté du monde et sans trop nous en rendre compte que nous sommes devenus nos pires ennemis et des mal-heureux ordinaires".

3- Ici, il s'agit donc d'un premier regard sur soi-même, d'un premier pas sur le sentier qui mène à une joie durable. Que ce regard en soit un d'objectivité enveloppée de compassion. Allons-y.

4- C'est bien connu, la plupart des humains n'utilisent qu'environ 10 % de leur potentiel. Ils ne voient que 10% de la beauté qui les entoure, n'entendent que 10% de la musique de l'univers, ne voient que 10% de leurs talents, ne ressentent que 10% de l'amour disponible dans leur vie. Quel gaspillage! Quelle tragédie! Cherchons ensemble l'autre 90% qui demeure ignoré et inexploité en chacun de nous.

5- Ces traits et comportements qui bloquent notre joie sont devenus quasi-

automatiques, presque inconscients, tellement, avec le temps et la répétition ils se
sont intégrés dans le tissu de notre être
même. Ce premier regard sur soi nous
engage déjà sur le sentier de la joie.

TRAITS DU MAL-HEUREUX.

Isolement :

Le mal-heureux se perçoit comme des
"mauvaises nouvelles" et cette vision négative de lui-même l'amène à s'isoler. Il bâtit,
pour ainsi dire, autour de lui un mur de
béton psychologique de plus en plus épais,
de plus en plus haut et de plus en plus
armé. Il devient une forteresse quasiment
impénétrable. Le fait qu'un très petit
nombre de <u>vrais</u> amis savent tout de lui est
un bon indice de son degré d'isolement.
Plus le nombre d'amis vraiment intimes est
petit plus l'isolement est sévère.

Je me souviens d'un ami qui me disait
alors que j'étais profondément mal-heureux
et déprimé : "Tu sais tout de moi, mais de
toi je ne sais rien d'important et de vraiment intime. Quand j'essaie de te faire dire
ce que tu penses, ce que tu ressens
vraiment, tu changes le sujet rapidement,

trop rapidement. C'est comme si tu prenais la fuite." Comme il avait raison!

J'étais devenu tellement isolé que je ne pouvais même pas accorder à mon meilleur ami le privilège de me connaître vraiment, alors qu'il m'avait confié généreusement ses propres pensées et émotions les plus intimes.

Susceptibilité :

Ainsi se nomme la méfiance qui protège l'isolement qui veut empêcher les autres de découvrir nos "mauvaises nouvelles". Le mal-heureux imagine facilement que tout est visé contre lui et menace de démasquer son désarroi intérieur. Il a une faible tolérance aux critiques, même les plus amicales et bien intentionnées. Souvent, pour mieux se protéger, il attaque, devient agressif et prend la mouche pour des bagatelles. Pour son entourage, fréquenter le malheureux, c'est un peu comme vouloir flatter un porc-épic! Devenu de moins en moins approchable, le mal-heureux se sent souvent incompris, mal aimé, mal jugé, victime d'injustice et de rejet.

Il faut noter que l'entourage du malheureux finit par se fatiguer de toujours devoir se défendre de le viser quand ce n'est pas du tout le cas. Le mal-heureux est alors prisonnier d'un douloureux cercle vicieux, celui-ci : plus il se sent visé, plus il accuse les autres de le malmener et les autres doivent s'excuser de, semble-t-il, l'avoir blessé...sans le savoir; et plus les autres s'éloignent et sont perçus comme distants, plus il devient agressif et plus les autres l'évitent...et plus il se sent isolé, etc. Ainsi il se condamne, lui et tout son entourage, à un cercle infernal de tensions de plus en plus douloureuses.

L'irréflexion :

L'isolement le rendant difficile d'approche et la susceptibilité l'amenant à rejeter souvent les conseils les plus sincères de ceux qui tentent contre tout espérance de devenir son ami, le mal-heureux méprise les exigences normales des lois sensées, étouffe les voix intérieures qui ont pour mission d'ajuster son être sur le rationnel et sur le gros bon sens. Fatigué, lassé et souvent épuisé par la guerre civile qui se livre au dedans de lui, il perd le contrôle de sa vie. Paniqué, il devient épouvanté au point que toute la réflexion nécessaire à des jugements sains et équilibrés devient difficile et même impossible. Ce trait du mal-heureux s'exprime souvent dans l'expression populaire et déshumanisante : "j'veux rien savoir!"

La fuite :

Rien de surprenant alors que le malheureux soit un être en fuite...de lui-même, de sa vie, de son entourage, autant de réalités qu'il perçoit comme lui étant défavorables. Souvent cette fuite l'amène à s'évader dans l'immodération : l'alcool, la drogue, la nourriture, le jeu, la sensualité, les achats déraisonnables. Ce sont là les fuites les plus évidentes. Mais il y en a de plus subtiles : l'intempérance, la démesure dans le travail (workaholics), le sport, la politique et d'innombrables bonnes causes.

Je pense à Marcel, participant à un atelier de Pause-Joie. Il pouvait vous dire qui a compté le but gagnant lors des finales de la Coupe Stanley de 1972, mais oubliait son anniversaire de mariage, les anniversaires de naissance de son épouse et de ses enfants. Toute cette insensibilité à l'endroit des siens lui valait évidemment un torrent de reproches, ce qui l'amenait à fuir encore plus...dans le monde sécurisant de son cher hockey. Le cercle vicieux! Le cheval à l'épouvante!

Je pense à Hélène, mariée, mère de trois enfants et militante bénévole dans son syndicat. Présidente de plusieurs comités, elle était de tous les combats, participante à tous les congrès. Sa vie se déroulait "en réunion".

Son conjoint et ses enfants souffraient de ses absences constantes. Même au cours de ses rares présences ils souffraient, car elle ne cessait de parler de syndicalisme et n'avait le temps d'écouter personne. Lorsqu'on soulignait son engagement excessif, elle répondait indignée : "Il ne peut y avoir d'excès dans la recherche de la justice!"

Voici une fuite subtile, mais une fuite quand même, car l'engagement syndical d'Hélène est démesuré et se fait au détriment d'engagements familiaux devant jouir d'une plus grande priorité dans sa vie.

Dans les cas de Marcel et de Hélène, ce n'est pas le fait d'être intéressé au hockey ou engagée dans le syndicat qui constituent la fuite et l'irréflexion. C'est la démesure! Ces activités sont absolument légitimes en elles-mêmes. Mais elles sont devenues comme une drogue, les rendant insensibles à ce qui se passe en eux et autour d'eux. Les familles où on retrouve les veuves et les orphelins du "golf" de papa tous les week-ends en savent quelque chose. Fuite maquillée et subtile, mais fuite quand même! Le mal-heureux défend sa forteresse, continue sa course irréfléchie et inconsciente vers la tristesse.

L'obsession :

Ce mot est généralement réservé à des obsessions d'ordre sexuel. Ce n'est pas nécessairement le cas. Le mal-heureux est souvent obsessionnel en ce sens qu'il blâme sa tristesse sur deux ou trois causes extérieures à lui, et les redit et les décline constamment comme une ennuyante rengaine. Lorsqu'on lui fournit des avenues de solution à sa tristesse, obsédé, il bloque toute avenue avec des arguments défaitistes récités ad nauseam. C'est comme un disque collé qui répète et répète et répète sans cesse le même refrain. C'est comme une ornière dont l'esprit ne peut sortir, c'est une toquade de l'intelligence où la pensée se bloque irrésistiblement sur un point mort. C'est une forme de paralysie de l'esprit.

Je pense à Evelyne, une femme dans la jeune soixantaine qui participait aux ateliers de Pause-joie. Elle vivait en banlieue. Devenue veuve environ six mois auparavant, elle supportait mal la solitude causée par la mort de son mari qu'elle aimait beaucoup. J'avais beau lui suggérer des pistes de solution pour l'acceptation de son veuvage, je me butais toujours aux mêmes réponses "obsessionnelles" que voici :

a) <u>Conseil</u> : "Donne-toi du temps, tu vis l'inévitable deuil de la perte d'un être cher."

<u>Réponse</u> : "Je ne pourrai jamais vivre seule, jamais! "

b) <u>Conseil</u> : "Sors de chez toi, va aider les plus souffrants et les plus démunis de ton milieu."

<u>Réponse</u> : "Chez nous (en banlieue), il ne se passe rien comme ça"

c) <u>Conseil</u> : "À Montréal tu trouveras toutes sortes de services pour t'aider et de nombreuses occasions de partager avec d'autres. Tu pourras ainsi sortir un peu de toi-même, mettre ta souffrance en perspective et apprécier tout ce qu'il reste de beau dans ta vie."

<u>Réponse</u> : "C'est vrai que Montréal est tout près et que mon mari m'a laissé une auto toute neuve, mais j'ai peur de conduire dans la grande ville."

d) <u>Conseil</u> : "Je te prie de communiquer avec Madame L. qui a perdu son mari l'an dernier dans des circonstances similaires aux tiennes. Elle s'est jointe à un groupe d'entraide pour celles qui viennent de perdre leur mari. De plus, mettant son expérience au service des autres, elle s'occupe d'accompagner les personnes dont le conjoint est en phase terminale du cancer. Je l'ai revue dernièrement. Elle est en train de s'en sortir et elle s'en sortira grandie. C'est difficile ("ben" de l'ou-vrage!) mais ça progresse bien".

Réponse : "Elle (l'autre, les autres) peut s'en sortir, mais moi je ne peux pas et je ne pourrai jamais!"

J'avais beau empiler argument sur argument, suggérer piste après piste à suivre, elle me servait toujours les mêmes quatre réponses et toujours dans le même ordre décrit : "je ne pourrai jamais vivre seule; il ne se passe rien dans ma banlieue; j'ai peur de conduire mon auto dans la grande ville; les autres peuvent s'en sortir mais moi je ne pourrai jamais!"

Je l'ai rencontrée six mois plus tard. Nous avons jasé un peu en prenant un café. Elle n'avait pas changé. Elle avait les mêmes réponses, exprimées dans les mêmes mots, à toutes les suggestions. Elle était prisonnière de son idée fixe, de son obsession malheureuse et dévastatrice.

Je pense à Jacques qui expliquait toutes ses difficultés en répétant pendant des décennies : "Si mon père n'était pas mort si jeune, aujourd'hui je serais dans telle belle situation. Mais il est mort et j'ai dû quitter les études et maintenant ..."Un autre mal-heureux pris dans son ornière obsédante.

Le conformisme :

Le mal-heureux, on l'a dit, ne se voit pas comme étant des "bonnes nouvelles". Il préfère ne pas se faire remarquer. Quelle meilleure façon de s'isoler dans sa forteresse que de devenir un conformiste, de se comporter de façon à ne pas se faire remarquer, d'adopter comme slogan : "Tout le monde le fait, fais le donc!"

Il n'est pas vrai que la majorité a toujours raison. Un exemple entre des milliers : une poignée d'écologistes a crié pendant des décennies les dangers de la pollution de l'eau et de l'air. La majorité riait et raillait, mais c'est la minorité qui avait raison. C'est tellement plus facile de faire partie de la majorité, de se perdre dans la foule. Le mal-heureux se conforme à l'opinion courante, il adopte toutes les nouvelles modes, il marche à la file indienne. Interroger, exprimer une opinion contraire, demander des clarifications, nager contre le courant suppose qu'on se dévoile. Quand on se perçoit comme des mauvaises nouvelles, quand on est un cheval courant à l'épouvante...pas question de tout cela pour le mal-heureux. Le conformisme, une forme raffinée de la fuite et de l'isolement est tellement plus confortable! Le conformiste souffre d'un sommeil de l'intelligence et ne fait aucun ou très peu d'effort pour penser pour lui-même. La peur d'être jugé défavorablement s'il va à contre-courant le paralyse. À tout prix, il veut être comme tout le monde...au point de faire abdication de son être.

Le pessimisme :

Le mal-heureux même le plus ordinaire est souvent un perpétuel pessimiste. Il contemple ses échecs, croit à leur influence absolue sur sa personnalité. Il se discerne un certificat <u>permanent</u> d'incapacité d'être heureux.

Une histoire drôle, (pas vraiment!) veut que deux pessimistes se soient rencontrés. L'un dit : "Tu sais, il y a toutes sortes de clubs et d'associations. Le Rotary, le Kiwanis, le club Richelieu, et même le club des Optimistes. Nous devrions fonder le club des Pessimistes!" L'autre pessimiste lui répond : "D'après moi, ça ne réussirait pas"

Pour le mal-heureux, comme on dit au casino : "rien ne va plus" et pour certains mal-heureux, rien n'ira jamais plus!

L'apitoiement :

Le mal-heureux a tendance à ruminer sans cesse les mêmes mauvais souvenirs. Il semble prendre un plaisir morbide à raconter le mal qui lui est arrivé. On dirait qu'il cherche à remporter les olympiques de la souffrance et de la misère. Il semble crier : "Il n'y a pas de douleur comme ma douleur!" Il faut tout de même exceller en quelque part!

Je me souviens d'une personne qui m'appela alors que j'animais une tribune téléphonique à une station de radio de Montréal. Tout de go, elle me dit d'une voix pleurnichante : "Monsieur, dans ma vie, j'ai connu quatre grosses peines" et elle entreprit de me les raconter avec un déluge de détails.

Après les deux premières grosses peines (réelles mais remontant à une vingtaine d'années) il était évident qu'elle s'apitoyait sur elle-même et que son histoire n'en finirait plus. Saisissant l'occasion d'une pause publicitaire, j'ai cru avoir poliment mis fin à sa jérémiade. Erreur! Une vingtaine de minutes plus tard, elle revint en ondes : "Monsieur, il me reste deux autres grosses peines à vous raconter...!"

Voici quelqu'un qui avait vraiment souffert de terribles épreuves, mais sa vie était devenue stagnante et se résumait à raconter sa douloureuse histoire...comme s'il n'y avait que ces souffrances passées dans sa vie. Je pensais à mon cheval à l'épouvante!

Vous vous souvenez d'Evelyne, la veuve qui ne pouvait vivre seule et qui, de façon obsessionnelle, refusait toute suggestion qui aurait permis la reprise en main de sa vie et de sa joie. Son fils unique, sa bru et son petit-fils de dix ans ne voulaient plus la fréquenter.

Quand je lui demandai pourquoi, elle me répondit : "Mon petit-fils m'a dit que je me plains tout le temps et que j'ai toujours l'air triste, tandis que mon fils me dit qu'il ne peut plus m'entendre brasser les mêmes vieilles affaires et je sens que ma bru m'évite."

Devant sa souffrance comme devant sa mort on est <u>toujours seul</u> et on demeure seul tant et aussi longtemps qu'on n'aura pas dit : "<u>oui</u>" et accepté sa réalité. Quand on aura dit : "oui", on trouvera de l'aide et des appuis qui dépasseront toute imagination. Si on persiste à s'apitoyer, comme Evelyne, on verra même nos plus proches nous éviter.

Le ressentiment :

De toutes les caractéristiques qui peuvent bloquer le sentier de la joie, le ressentiment est sûrement le plus pernicieux, le plus corrosif et le plus subtil. C'est un pourrissement de l'intérieur. C'est un souvenir plein d'amertume des torts causés par d'autres. C'est une rancune qu'on garde au fond du coeur et qui agit comme une rouille sur un métal. Le ressentiment est une chose qui ronge le coeur lentement, sûrement et implacablement. C'est une aigreur qu'on remise au fond de soi. C'est un poison qui tue la capacité d'aimer, qui paralyse tout élan de véritable générosité et ferme l'ouverture qui mène aux autres, à la paix et à la joie intérieures.

Dans notre démarche, dans notre apprentissage de la joie, une place importante est réservée, un peu plus loin, pour dépister le ressentiment et lui livrer une lutte sans merci.

La culpabilité :

Chacun, au cours d'une vie plus ou moins longue, accumule des erreurs, des torts graves dont il a honte, qui nous brisent et qui brisent les autres.

Se noyer dans une mer de culpabilité, revivre sans cesse ses manquements, être "écoeuré" de soi est une route qui conduit directement à l'angoisse, au désespoir et à la paralysie du coeur.

Dans notre démarche, nous trouverons des clés libératrices dans la dimension spirituelle de la joie et, sur le plan purement naturel, dans une vision objective de soi.

Faisons le point

L'énumération de ces traits peut être déroutante. Le mal-heureux n'est pas tellement habitué à discerner ce qui se passe en lui. Pour vous aider à découvrir quels sont les traits qui sont les ennemis de votre joie, soyez attentif à vos pensées lorsque vous vous accordez un moment de silence. Notre dialogue intérieur, nos pensées reflètent ce que nous sommes. Comparons cela à une cassette intérieure qui tourne et tourne constamment. Quelles sont les "chansons" sur votre cassette? Quelles sont les "mauvaises nouvelles" que vous vous racontez? Dans quelles catégories décrites dans ce chapitre pouvez-vous les classer? Dans la mesure où vous pouvez discerner en vous certains de ces éléments, vous avez déjà commencé à découvrir le vrai visage des ennemis de votre joie. Connaître son ennemi, c'est déjà préparer la victoire.

Chapitre cinquième
Je ne m'en sortirai pas tout seul

La joie et la signification de l'existence sont d'ordre spirituel. Les besoins fondamentaux dont il fut question dans l'introduction : aimer, être aimé, partager et s'épanouir sont des réalités spirituelles. Lors de la mort de quelqu'un, l'autopsie ne permet pas de voir la grandeur de son amour, la profondeur de sa patience, la qualité de son accueil et l'étendue de son courage qui ont permis son accession à un haut degré d'épanouissement et d'humanisation. L'autopsie d'une autre personne ne permet pas non plus de voir la peur, la solitude, le conformisme, le ressentiment, la culpabilité, l'apitoiement, etc. qui l'ont empêché de faire fructifier pour sa joie et celle des autres ses nombreux talents. Tout cela est largement d'ordre spirituel.

Aborder la question de la spiritualité dans

une vie, c'est aborder la question de Dieu. Il est vrai que le spirituel n'est pas nécessairement le surnaturel, mais la ligne de démarcation entre les deux n'est pas tellement claire pour la plupart d'entre nous. Les mots : "Dieu" et "religion" suggèrent et conduisent à des questions délicates qui doivent être traitées délicatement et dans le respect des traditions, des cheminements et des options de chacun. Ici, il ne s'agit pas de faire un traité de théologie et, encore moins, l'apologie de mes options personnelles. Il s'agit toutefois de formuler quelques affirmations que je crois raisonnables, reliées à la condition humaine, à la condition de créature consciente de ses limites et de son état de temporalité. J'ose espérer que nous pouvons nous entendre sur ce qui suit :

1- J'existe, je suis, je vis.

2- Je ne suis pas ma <u>source</u>. J'ai reçu la vie de mes parents, qui ont reçu la vie de leurs parents, qui ont reçu la vie... Il fallait un commencement!

3- Vivre, c'est un jour mourir. Ça, c'est certain.

4- Toute idée que je me ferais d'un être qui serait ma Source et que je nommerais

"Dieu", suppose que cette entité possède des attributs qui soient au moins supérieurs aux miens. Il faudrait donc que cet être soit intelligent, libre, créateur, car je suis, à un certain degré, intelligent, libre et créateur. Ceci suppose que cette Source soit quelqu'un plutôt que quelque chose, comme je suis quelqu'un et non pas quelque chose. Parler de Dieu c'est donc parler d'une personne plutôt que d'une quelconque énergie cosmique ou d'une indéfinissable force puissante, implacable et aveugle.

5- Cette personne, me semble-t-il, doit être vue comme source de ce qui EST. La vue de l'univers fait que nous sommes quasiment forcés d'accepter le diagnostique minimum du très cynique Voltaire qui affirmait ne pouvoir croire qu'une telle horloge (l'univers) n'ait pas d'horloger. Pour lui cela était évident.

Pour illustrer l'idée de l'univers qui laisse soupçonner l'existence de la Source que nous cherchons, prenons un exemple. Si je vous disais que je ne connais pas le nom de l'artisan qui a fabriqué ma table de travail achetée au magasin de meubles de mon quartier; et si je vous disais que j'ignore s'il se nomme Tremblay ou Gougeon, j'ose croire que vous me trouveriez probablement très raisonnable. Par contre, si, ignorant précisément qui a construit ma table, je vous disais : "Elle s'est faite elle-même", je suis sûr que votre lecture de ce livre se terminerait ici, tellement l'auteur de ces lignes vous paraîtrait déraisonnable, c'est-à-dire : ne se servant pas de sa raison. Pourtant, certains se disent "raisonnables" et "évolués" en affirmant : "Tout cela s'est auto-fait". Nous nous serions nous-mêmes tirés du néant!

6- Cette Source à laquelle je veux m'abreuver, ce Quelqu'un, libre, créateur et intelligent, est aussi **amour** plutôt que haine, **vérité** plutôt que mensonge, **pardon** plutôt que vengeance, **compassion** plutôt que dureté, **fiabilité** plutôt que caprice et accueil plutôt que rejet.

7- Cette Source, les chrétiens, les juifs, les musulmans, les hindous, les bouddhistes l'appellent "Dieu".

Il y a en chacun de nous une voix intérieure qui ne trompe pas. Si on est attentif, cette voix nous dit que rien ni personne de créé ne pourra assouvir la soif d'infini qui nous habite. En ce sens-là, sans pouvoir saisir totalement sur le plan intellectuel cet être que l'on nomme Dieu, on peut dire que tout en nous semble l'appeler. On sent plus qu'on comprend son existence et sa présence. Le temporel appelle l'éternel et la finitude appelle l'infini. Les poètes grâce à leur sensibilité et leur intuition nous le laissent deviner.

À ceux qui comme moi, sont moins touchés par la muse qui inspire les poètes, je propose à votre réflexion, au sujet de la Source que nous cherchons, ce que je nomme le <u>syndrome du "oui mais...!"</u>

En effet, il m'apparaît impossible de construire une phrase décrivant notre satisfaction, notre contentement ou notre joie à l'égard de quelqu'un, de quelque chose ou d'une situation, sans recourir à la formule limitative : "oui, mais..." Voici quelques brefs exemples.

<u>Question :</u>

"Comment avez-vous aimé vos vacances en Floride?"

<u>Réponse :</u>

"Oui, nous avons adoré ça. Il a fait beau,

nous étions près de la mer, les restaurants étaient superbes, nous avons pris du soleil et nous nous sommes bien reposés. <u>Mais</u>, nous avons manqué d'intimité car mon époux a insisté pour que sa mère nous accompagne et puisse ainsi profiter d'un peu de soleil. J'aime bien ma belle-maman <u>mais</u> sans elle nos vacances auraient..." Oui, mais!

Question :

"J'ai appris la nouvelle de ta promotion au poste de premier vice-président. Tu es heureux?"

Réponse :

"<u>Oui</u>, j'ai travaillé tellement fort pour y arriver. Tu comprends tout le prestige, le pouvoir, la rémunération, la participation aux profits, les bénéfices : chauffeur privé, club de golf, généreux compte de dépenses, etc. <u>Mais</u>, je n'aurais jamais cru que ce serait tellement difficile, complexe et accaparant. Je négocie avec trois syndicats, tous les nouveaux projets prennent naissance dans mon bureau et tous les problèmes y sont envoyés pour solution. Je n'ai même plus de temps pour mes loisirs préférés et ma famille m'accuse de les "négliger." Oui, mais...et ainsi va la <u>vraie</u> vie.

Il est probable que nous trouverons les personnes heureuses du côté de ceux qui apprécient les oui et ne se concentrent pas sur et ne se laissent pas abattre par les inévitables "mais" dans leur existence.

Au-delà des inévitables "mais" reliés aux limites et imperfections de la création et des créatures, au-delà de l'espace souvent orageux de nos existences, on trouve cette Source puissante, permanente et bienveillante qui alimente nos énergies, produit en nous la force d'aimer, de pardonner, d'écouter, de faire confiance et d'être rassuré.

Cette Source que nous nommons Dieu donne sens à notre vie, signification à notre souffrance et le courage de travailler sans cesse à notre plus grand épanouissement et à la mise en valeur de tous nos talents. Finalement, cette Source nous donne une vision positive de nous-mêmes parce qu'elle nous montre que nous avons de la valeur à ses yeux (IS 43 4). La Source nous incite à produire dans notre vie, sérénité, signification et joie.

Pour les fins de ce livre, nous vous proposons comme Source le Dieu d'Abraham, d'Isaac et de Jacob, le <u>Père qui nous aime infiniment</u> et qui fait de nous ses fils, tel que nous l'a révélé Jésus de Nazareth. Ce Dieu est amour et respecte notre liberté. Ce Dieu refuse de recourir à des moyens de puissance pour s'imposer, mais il désire être accueilli. On s'aperçoit alors à quel point l'homme est libre et à quel point Dieu a voulu son extrême autonomie. L'homme n'a de compte à rendre à personne, n'est la propriété de personne, y compris même de Dieu. Voyez à quel point l'Amour-Source a voulu l'homme doté de liberté car, au coeur même de sa raison, il demeure libre de nier Dieu et de refuser ses bienfaits transformants. L'homme a, dans son for intérieur, la redoutable puissance de se refuser à Dieu ou de s'abandonner à Lui quand et comme il le veut.

Un dernier mot à ce sujet. Les Alcooliques Anonymes, sans être doctrinaires, disent à ceux qui veulent vraiment changer leur vie : "essaie Dieu". C'est aussi ce que je dis aux mal-heureux ordinaires qui en ont assez de souffrir en vivant une vie à 10% ou 20% plutôt qu'une vie signifiante et épanouissante à 70% ou 80% comme ce serait "normal". Oui, essaie Dieu, tel qu'il est décrit ici, dans le respect du cheminement de chacun. Yes, try God!

Il y en a qui pensent que croire en Dieu est une béquille pour les faibles. Dans le cas de certains croyants pusillanimes, c'est vrai. Mais la Source proposée ici n'est pas une béquille. Pour celui dont la jambe est amputée, la béquille permet une certaine mobilité lente et pénible, mais elle ne fait rien pour faire repousser une autre jambe. La béquille ne <u>change</u> rien! Mais le Dieu proposé ici, comme Source de joie, a le pouvoir de nous aider à <u>transformer</u> notre vie triste et plutôt stérile en vie de joie et de fécondité.

Ce Dieu est absolument à l'opposé de la béquille. Il est guérison, vie, amour, pardon, force, courage et transformation. Il n'agit pas à ma place, mais il agit avec moi et en moi, dans la mesure où je reconnais mon besoin de lui pour <u>être et vivre</u> pleinement. Évidemment, cela suppose que je l'accueille en permanence sur le chantier de construction de ma vie. Le mot résurrection est ici très pertinent.

Deuxième Partie
PRINCIPES D'ANALYSE

UN PEU DE PHILOSOPHIE, DE SOCIOLOGIE ET
DE PSYCHOLOGIE

Dans la première partie nous pouvons dire que nous avons fait enquête, accumulé des faits, colligé des impressions, partagé des regards sur la réalité de plusieurs, jonglé avec ce qu'on croit constituer des éléments de solution. Le vocabulaire moderne dirait que nous avons fait la "problématique" de l'absence de la joie dans nos vies.

Nous cherchons maintenant à découvrir ou prouver que "oui, la joie ça s'apprend." Dans cette deuxième partie, avant de s'initier aux méthodes et au mode de vie à adopter, prenons conscience de ce que les sciences dites "sciences de l'homme" ont à nous dire. De la psychologie rationnelle d'Aristote jusqu'aux conclusions les plus

sérieuses des meilleurs sociologues, psychologues, conseillers et thérapeutes contem-
porains, nous tirerons des principes sûrs qui
nous serviront de guides dans notre
recherche.

Chapitre sixième

LA PHILOSOPHIE
LA PSYCHOLOGIE RATIONNELLE
D'ARISTOTE

Aristote est un philosophe grec, né en Macédoine (384-322 av. J.C.). Il est l'auteur et le fondateur de la logique formelle, ce précieux art du raisonnement qui permet de passer du connu à l'inconnu. C'est ainsi que furent établies les lois du syllogisme qui distinguent les faux raisonnements des vrais : une discipline intellectuelle indispensable à tous les amants de vérité, une discipline que devraient pratiquer avec plus de rigueur plusieurs fabricants d'opinion publique, les enseignants de tous ordres et, évidemment, tous les politiciens à qui nous confions la gérance de la société pour le plus grand bien commun. Nous trouverions ainsi plus de vérité là où règnent trop souvent l'ambi-guïté, le mensonge et, selon Aristote, le sophisme.

Nous devons aussi à Aristote un traité de psychologie rationnelle qui décrit, entre autres, le processus de la connaissance et les liens entre notre vie sensitive et intellective. Nous n'avons pas à faire ici un traité de philosophie, mais notre recherche de la joie, pour être efficace, doit reposer sur de solides principes, permettant de tirer des conclusions sûres servant à édifier un mode de vie qui donne sens et épanouissement à notre existence.

Premier principe :
"Rien n'entre dans l'intelligence sans d'abord passer par les sens"

On s'entend pour dire qu'il y a cinq sens externes : la vue qui a pour objet la couleur; l'ouïe qui a pour objet le son; l'odorat qui a pour objet l'odeur; le goût qui a pour objet la saveur et le toucher qui a pour objet la texture, la résistance et la température des objets.

Il y a de plus quatre sens internes, qui n'atteignent leur objet que par l'intermédiaire préalable des sens externes. Succinctement, les sens internes sont : le sens commun, l'imagination, l'estimative et la mémoire sensible.

Ce qu'il importe de retenir c'est que <u>notre</u> perception de <u>notre</u> vie suppose que ce que <u>nos</u> sens proposent à <u>notre</u> intelligence soit fidèle à la réalité, que notre connaissance soit <u>objective, vraie, réelle</u>.

Deuxième principe :
<u>"La volonté suit ce que lui présente l'intelligence"</u>

Cette formulation est mieux comprise par l'expression ou le dicton : "On n'aime pas ce qu'on ne connaît pas!" La volonté décide d'aimer ou ne pas aimer ce que l'intelligence lui présente. Encore une fois on voit l'importance de <u>l'objectivité</u> des connaissances.

Troisième principe :
<u>"La réalité perçue est affectée par l'état d'esprit de la personne qui perçoit"</u>

Un exemple aidera à comprendre ce principe : supposons que la connaissance serait un liquide versé dans un récipient. Le liquide prend la forme du récipient dans lequel on le verse. Sur le plan psychologique, nos états d'âme affectent comment on "perçoit" la vie. Encore une fois, nous sommes renvoyés à <u>l'objectivité</u> de nos connaissances.

Quatrième principe :
"La connaissance est affectée par les passions"

Les passions de l'âme se définissent : "les mouvements de l'appétit sensitif résultant de la connaissance sensible et comportant un changement du corps".

Sans faire la distinction entre les appétits concupiscible et irascible, le bon sens nous dit que l'amour, la haine, la peur, la colère, etc. affectent notre façon de percevoir <u>objectivement</u> la réalité.

Ce principe de la relation entre les perceptions et les émotions (les passions ne sont pas que sexuelles ou érotiques) est à la base de ce que la science moderne appelle le psychosomatique.

Cinquième principe :
"Une habitude est une disposition difficile à changer, acquise par la répétition des actes"

Dans ce texte Aristote utilise le mot "vertu" (virtus, en latin) dans le sens d'une bonne ou mauvaise expertise. Nous découvrirons que nos "habitudes" psychologiques acquises par la répétition de certains actes sont reliées de près à la joie ou tristesse de notre vie.

"Certains gestes sont automatiques et précèdent les opérations de l'intelligence et de la liberté"

Pour saisir, pensons à la main qui touche le feu, à la réaction à une surprise agréable ou désagréable, à la réaction à une mise en déséquilibre, etc. Le temps et les circonstances ne permettent pas de délibération. Les philosophes appellent ces réactions des mots latins suivants : "primo-primi", le premier du premier! On peut soupçonner déjà combien ce principe peut influencer notre vie.

CONCLUSIONS À TIRER D'ARISTOTE

Nous sommes intelligents et libres. Comprendre, jusqu'à un certain point, comment fonctionne l'être humain que nous sommes n'est pas un luxe réservé aux seuls philosophes qui font de la haute voltige intellectuelle. Pour l'essentiel, ce devrait être accessible à tous et servir de base à ce que nous apprennent la réflexion et la sagesse des siècles.

Chapitre septième
Psychologie et sociologie

Du 4e siècle avant J.C.
jusqu'à nos jours, une seule recherche :
La connaissance de soi

Au milieu du dernier siècle, on a commencé à aborder de façon scientifique la
question du comportement mental des
humains. C'est donc, hélas!, en milieu hos-
pitalier, dans un contexte de maladie, qu'est
née la psychiatrie. C'est un fait dont il faut
se souvenir. Brutalement, pour beaucoup
de non-initiés, l'étude de la psyché est
synonyme d'étude de la folie. De là, la
méfiance que l'on éprouve à l'endroit des
sciences humaines en général et de la psychologie en particulier. Le sociologue s'en
tire un peu mieux avec son regard plus
global et plus "social" des comportements,
mais pas tellement.

Un mot de prudence : lorsqu'on parle de sciences humaines, il faut être conscient qu'il ne s'agit pas de sciences rigoureuses comme les mathématiques ou la biologie. Pratiquées par des personnes bien formées, ces disciplines nous offrent toutefois d'importantes zones de réflexion qui méritent une sérieuse exploration. Vues sous cet angle, les sciences humaines peuvent nous aider dans la découverte de pistes de solutions. L'erreur, dans ce domaine, réside dans le fait de penser que les modèles proposés par la psychologie expérimentale fonctionnent dans une relation rigoureuse de cause à effet. Ceci étant dit, procédons dans notre démarche en nous référant à quelques images.

A) Image commerciale

Un commerce qui ne prend pas d'inventaire régulier et exact fait ordinairement faillite. Prendre un inventaire est une méthode de trouver les faits et de leur faire face. C'est un effort dans le but de trouver la marchandise endommagée ou qui ne peut se vendre, de s'en débarrasser promptement et sans regret. Si le propriétaire du commerce veut arriver au succès, <u>il ne peut se permettre de se tromper au sujet des valeurs qu'il a en mains</u>.

Comment prendre des décisions qui édifient sa joie quand on ignore ses qualités et talents de même que ses faiblesses et lacunes? Comment vraiment construire si on ignore les matériaux étalés sur notre chantier intérieur?

B) Image sportive

Pour les moins familiers avec la notion d'inventaire commercial, l'image de l'athlète aidera à saisir l'importance primordiale de se connaître pour réussir sa vie et être vraiment heureux. Quelques joueurs de hockey bien connus, des vrais as, sont reconnus <u>à la fois</u> pour la fragilité de leur dos, leur vitesse éblouissante, leur dextérité à fabriquer des jeux complexes et imaginatifs et leur lancer aussi précis que puissant.

Connaissant <u>à fond</u> leurs qualités et leurs défauts athlétiques, leur stratégie de jeu et celle de toute l'équipe est conçue pour mettre en valeur leurs grandes qualités et pour limiter et protéger leurs points faibles. À défaut d'agir ainsi, leur vulnérabilité serait vite trouvée, leur grand talent paralysé et rendu inopérant et stérile. Ils <u>connaissent bien</u> leurs lacunes et les surveillent de près, tandis que tous les efforts médicaux et thérapeutiques sont faits pour qu'elles nuisent le moins possible à l'efficacité et la fécondité de leur exceptionnel talent de hockeyeur.

C) Autres images et pensées

Le coeur de l'homme est comme un puits, la première eau qu'on en tire n'est pas la meilleure. Mais en continuant l'inventaire sans inquiétude, on aura d'abord de l'eau boueuse et certaines saletés. Ce sont des perturbations, des inquiétudes, des angoisses, des peurs, des frustrations. Si, patiemment, on continue de puiser, l'eau pure, les richesses du coeur montant en surface révéleront au mal-heureux des possibilités insoupçonnées de joie et d'épanouissement d'une valeur inestimable.

L'étude de soi révèle, au début des problèmes, des angoisses, mais celui qui est attentif, objectif et persévérant dans sa recherche découvrira rapidement ses belles qualités. Dans cette démarche on doit rester simple, se traiter comme on traite un ami, éviter de se juger trop sévèrement et s'abstenir de toute condamnation.

La sincérité exige que celui désirant vraiment se libérer en vue de la construction de sa joie ne craigne pas de scruter son passé. On aurait moins de clients chez les psychiatres si chacun s'habituait de temps à autre, à évaluer les gestes posés et les décisions prises.

Depuis des siècles les philosophes ne cessent de nous rappeler combien il est essentiel de se connaître soi-même si on veut atteindre une certaine sagesse. On doit donc se regarder dans un miroir précis et fidèle, quel que soit le ravage des années, des passions ou des angoisses et quelles que soient la profondeur ou la gravité des blessures subies. Nous sommes tous des êtres humains façonnés par Dieu et, avec sa collaboration sûre, efficace et aimante, nous pouvons tous connaître une joie réelle et durable.

Nous avons tous à alléger notre coeur trop lesté de souffrances, en libérant notre intelligence de faux principes, de pensées erronées et déprimantes. Nous avons tous à réévaluer et à mettre en perspective nos échecs passés, à revoir nos réactions aux blessures causées par d'autres pour finalement analyser nos souvenirs les plus pénibles.

Nous comprendrons beaucoup de choses en explorant certaines réalités de la vie familiale, sociale, culturelle et institutionnelle qui nous marquent tous, à des degrés divers, et expliquent dans une large mesure notre manière de mal de vivre, notre condition de <u>mal-heureux ordinaires</u>. L'étude de cet arrière-plan et de son effet sur nous, permettra peut-être de mieux situer la source et la nature de nos blessures, source de notre évidente difficulté de vivre une vie de vraie joie.

Chapitre huitième
L'incontournable famille

Il est certain que le comportement de notre père et de notre mère à notre égard a eu une grande influence sur ce que nous sommes devenus. Se sentir aimé avec une réelle tendresse, comportant des signes extérieurs d'amour, de respect et d'encouragement, est nécessaire à un bon départ dans la vie. De même, se sentir désiré, apprécié, accueilli et écouté constitue des assises solides de valorisation personnelle qui préparent à la joie et l'épanouissement. La présence de ces valeurs humanisantes et saines <u>dès le plus bas âge</u> et se continuant jusqu'à l'âge adulte, ne fait partie de la vie de la plupart d'entre nous.

L'enfant, par intuition, analyse l'atmosphère de sécurité ou d'insécurité dans laquelle il vit : il apprend par observation et imitation. Pour lui, ses parents sont comme des dieux, capables de tout faire, de tout fabriquer et surtout de le protéger de tout danger. Il dépend totalement d'eux pour la nourriture et autres besoins matériels. Pour l'enfant, ses parents sont la source de toute sécurité physique et affective. Pour lui, ils ne peuvent se tromper, savent tout et seront toujours là quand il aura besoin d'eux.

Cette conviction enfantine et ce besoin de sécurité sont tellement grands et nécessaires à sa propre survie que, dans les cas où le comportement des parents est contraire à celui requis, l'enfant a recours à un mécanisme défensif appelé la "dénégation". C'est ainsi qu'un enfant victime de violence ou d'inceste ou de toute autre forme d'abus physique ou psychologique peut ne pas s'en souvenir pour des décennies. Il ne pourrait survivre autrement. Évidemment, cette négation de la réalité comporte des conséquences graves. Ce comportement de dénégation est nécessaire à la survie de l'enfant. Mais la vision négative de soi, la honte <u>radicale</u> qui découle d'une éducation familiale aussi dysfonctionnelle fait qu'on a été conditionné à croire qu'on a peu ou pas de valeur. Finalement, dans beaucoup de cas, on fuit la vision de soi dans les codépendances de toutes sortes. Certains,

hélas! pour échapper à une souffrance devenue pour eux intolérable optent pour l'ultime fuite : le suicide.

La famille idéale et...rare, hélas!

Dans une famille saine et bien équilibrée
le rôle des parents consiste à donner aux
enfants l'exemple concret et constructif de
la façon :

1- d'être père et mère,

2- d'être époux et épouse,

3- d'être homme et femme,

4- d'être des personnes épanouies, joyeuses
et fonctionnelles,

5- d'être conscient de ses qualités, de ses
limites personnelles et de celles des
autres,

6- d'être fidèle à ses engagements et
honorable dans l'accomplissement de
ses devoirs de tous ordres.

La plupart de nos parents n'ont pas plus que
nous appris <u>comment</u> être heureux, <u>comment</u>
vivre en couple et <u>comment</u> éduquer leurs enfants.

La famille saine et fonctionnelle est plutôt rare. Un regard sur la situation de la famille dans notre société suffit pour découvrir que l'enfant est souvent le grand sacrifié et le grand blessé des temps dits "modernes". Le malaise de la famille contemporaine et les douleurs qui s'ensuivent remontent selon certains observateurs, jusqu'à cinq générations qui, à des degrés variables, sont tributaires d'une vision du rôle respectif des parents et des enfants et produisent trop souvent des handicapés du coeur et de l'esprit.

Les prérequis "normaux" d'un bon départ

L'itinéraire psychologique idéal de l'enfance à la vie adulte franchit avec succès chacune des étapes suivantes :

- 0-18 mois : attachement et appartenance. <u>Effet :</u> Sécurité émotive.

- 18 mois à 3 ans : exploration (marche, parle et questionne) <u>Effet :</u> Différenciation et curiosité.

- de 3 à 4 ans : affirmation de soi. <u>Effet :</u> Identité personnelle positive et sécure.

- de 4 à 7 ans : sens de la compétition. <u>Effet :</u> Découverte de sa capacité personnelle de réussir.

- de 7 à 13 ans : sympathisant. <u>Effet :</u> Souci des autres et sens social.

- de 13 à 19 ans : intégration de la personnalité. <u>Effet :</u> Capacité d'aimer et sexualité.

- à 19 ans : créativité et maturité. <u>Effet :</u> Responsable de soi et bon citoyen.

<u>Notes :</u>

1- Ces étapes s'imbriquent l'une dans l'autre plus qu'elles ne se suivent.

2- Ces étapes se superposent de façon telle qu'une étape omise ou sérieusement escamotée diminue d'autant la qualité des étapes suivantes. Ceci souligne l'importance souvent négligée des six premières années de la vie de l'enfant.

3- Même la qualité de vie physique et psychologique pendant la grossesse a des effets.

Comme on voit, il y a dans tout cela, de grandes probabilités que nous ayons débuté dans la vie portant des blessures plus ou moins graves qui nous ont mal préparés à prendre notre vie en main et la mener avec succès sur les sentiers de la joie et de l'épanouissement.

Il est triste mais nécessaire de constater avec douleur que culturellement, sociologiquement et pédagogiquement la famille a développé au cours des siècles une vision de la relation parent-enfant et une façon d'agir qui allant à l'encontre de presque tout ce que nous venons de décrire comme étant nécessaire à un bon départ dans la vie. Heureusement, cette affirmation générale connaît des exceptions mais, même dans les meilleurs cas, il semble que les lacunes demeurent graves.

Ma mère irlandaise, sans trop l'appliquer elle-même, me rappelait souvent ce principe de l'ère victorienne quant au comportement des enfants : "children should be seen but not heard" "Visibles mais silencieux!" Les sans-droits! Qui? Les enfants, nos enfants, vous et moi? Peut-être et probablement!

Les droits et libertés de toute personne humaine
Y COMPRIS LES ENFANTS!

Tout être humain a la liberté et les droits reliés à sa nature proprement humaine. Parce que je suis humain, j'ai donc la liberté et le droit :

1- de voir et d'entendre (percevoir) la réalité présente telle qu'elle est aujourd'hui. Il s'agit de mon monde;

2- de penser ce que je pense plutôt que ce que d'autres, y compris mes parents, croient que je devrais penser;

3- de ressentir ce que je ressens plutôt que ce que d'autres, y compris mes parents, croient que je devrais ressentir;

4- de désirer et choisir ce que je veux plutôt que ce qu'on croit que je devrais désirer et choisir;

5- de parfaire la réalisation de mon identité propre plutôt que de jouer le rôle rigide et contraire à mes goûts, sentiments et talents que d'autres, y compris mes parents, croient que je devrais jouer.

Note :

Il importe cependant de tirer des conclusions pratiques des énoncés faits ici. Elles sont nombreuses et, comme vous verrez, elles vous rappelleront peut-être des images et incidents dans lesquelles prend peut-être origine votre état de mal-heureux ordinaire.

a) Il va de soi que l'exercice de ces prérogatives suppose aussi que chacun en assume les conséquences. Être humain exige aussi qu'on soit responsable.

b) Exercer ces droits et libertés conduit à une bonne connaissance de soi, à la découverte de ses goûts et qualités et à l'acceptation de ses limites.

c) Le fait de détenir ces droits et libertés, de la part de l'enfant en particulier, impose aux parents le devoir de reconnaître que leur enfant est une <u>personne</u>, jouissant de tous les <u>droits de la personne</u>. L'enfant n'est pas une chose ou une propriété.

Ce fait incontestable appelle des conséquences considérables dans les relations entre personnes libres, spécialement celles qui lient le parent et l'enfant dans la démarche éducationnelle.

À titre d'exemple, écoutons un parent dire à son enfant: "Je suis mal à l'aise avec ton opinion sur ce sujet..." ou lui dire plutôt: "Seul un niais, un sot et un grand insignifiant comme toi peut avoir des idées folles comme ça".

Dans le premier cas, le parent exprime une émotion valide et dans le deuxième cas, il viole le droit de penser de l'enfant et véhicule ainsi l'absolue fausseté suivante : énoncer une pensée erronée correspond à être une personne sans valeur!

Les effets positifs ou négatifs de ces deux attitudes sur l'enfant sont nombreux et devraient être évidents. Dans un cas on le respecte et dans l'autre on l'écrase. Dans un cas, s'il fait une erreur, il est un être humain qui fait des erreurs, comme tous les autres humains y compris ses parents. Dans l'autre cas, s'il fait une erreur, il se voit comme étant une erreur, un **être** <u>défectueux</u>!

Entre faire une erreur et être foncièrement déficient, il y a toute la distance qui sépare la tristesse de la joie, la tourmente de la sérénité et la "guerre civile" intérieure de la paix que donne la vraie joie.

Regard sur la famille dysfonctionnelle

a) La famille dysfonctionnelle est fondée sur l'inégalité. L'enfant n'étant pas perçu comme une personne doté de droits, le parent se voit comme détenteur d'une autorité absolue émanant du seul fait d'être parent. L'état de parent découlerait de la rencontre biologique plus ou moins accidentelle du sperme et de l'ovule. Dans cette perspective on perçoit que <u>le seul fait biologique d'être devenu parent</u> appellerait automatiquement de la part de l'enfant respect filial et obéissance aveugle!

b) De ce faux principe très répandu dans les familles dysfonctionnelles (la grande majorité, hélas!) découle des comportements où la réalité, la justice et la vérité ne trouvent pas leur compte. Voici certains <u>exemples :</u>

1- Par devoir et quelle que soit la qualité du parent, l'enfant <u>doit</u> aimer et respecter son parent, même s'il n'est ni aimable ni respectable.

2- Les enfants, <u>parce qu'il sont des enfants</u>, n'ont aucun droit et donc ne commandent aucun respect.

3- Il serait nuisible que l'enfant développe une trop grande estime de soi. Trop d'assurance pourrait vouloir dire moins de soumission à l'autorité parentale, souvent et de façon erronée, vue comme sacro-sainte, incontournable et absolue.

4- Montrer de la tendresse et même dorloter l'enfant est une pratique nuisible et menace la relation d'autorité et de soumission.

5- Montrer de la sévérité et même de la froideur à l'endroit de l'enfant le prépare à la <u>vraie</u> vie.

6- Ce que l'enfant <u>fera</u> dans la vie est plus important que ce qu'il <u>sera</u> comme personne humaine.

7- Des sentiments forts et démonstratifs d'amour et de respect de la part du parent à l'endroit de l'enfant sont vus comme nuisibles.

8- Les parents doivent se montrer en toutes choses parfaits et c'est pourquoi ils doivent toujours avoir raison. Ils se sentent obligés alors de masquer leurs erreurs, leurs peurs et leurs compulsions.

Conséquences pratiques de cette théorie de la famille et de cette perception de l'enfant

Pour saisir l'impact négatif d'une certaine façon trop répandue de concevoir la famille, l'enfant, le parent et leurs relations mutuelles, analysons quelques situations familières (mot qui vient de la même racine étymologique que le mot "famille"!).

Premier scénario : le droit à ses émotions

Un garçonnet de six ans, frustré parce qu'on lui refuse un morceau de gâteau, lance sa camionnette de métal lourd dans la direction de sa mère. Elle pourrait adopter la mauvaise ou la bonne attitude.

Voici :

La mauvaise :

Celle-ci le prend par le cou, lui inflige une dure fessée en disant, ou plutôt, en criant : "Personne dans cette famille ne se laisse aller à la colère. As-tu compris, la colère est interdite ici?"

La bonne :

Celle-ci dit calmement à son fils : "Je comprends que tu te sentes frustré de te voir refusé un beau morceau de gâteau au chocolat juste avant le souper. Moi aussi, je me sentirais frustré et en colère si j'étais à ta place. Cependant, être en colère ne veut pas dire que tu peux tout lancer et tout casser autour de toi. Quand tu fais quelque chose qui me frustre ou qui frustre ton grand frère, penses-tu qu'il conviendrait que je te lance un ustensile ou que ton frère te lance son train électrique? Retire-toi dans ta chambre pour vingt minutes pour penser à cela."

Deuxième scénario : Le droit de choisir son identité. Mauvaise réponse du parent:

Un grand garçon, à la fin du secondaire, annonce à sa mère qu'il veut étudier la médecine et se joindre ensuite à "Médecins Sans Frontières" pour soulager la terrible misère de la maladie reliée à la faim et à la pauvreté partout dans le monde.

Réponse de Maman: "Mon grand, tu sais combien nous t'aimons et quels sacrifices

Papa et moi avons dû faire pour que tu puisses fréquenter les meilleures institutions d'enseignement de notre milieu. C'est vrai que l'étude des sciences en vue d'une carrière de chercheur ou de médecin est un sujets dont tu parles depuis que tu es tout petit. Je me souviens de ta joie de rencontrer mon oncle Gustave qui fut pendant quarante ans missionnaire en Amérique du sud.

Mais Papa et moi avons toujours rêvé que tu deviendrais notaire, que tu serais l'associé de Papa, comme lui le fut de Grand-papa qui, à son tour, fut l'associé de son père, Me Sébastien..., notaire.

Dès ta naissance, c'était notre rêve que tu continuerais cette grande tradition, d'autant plus que tu es notre seul enfant et que ton choix de la médecine comme carrière mettrait fin à cette tradition. As-tu une idée du greffe dont tu hériterais comme notaire? Un des plus importants dans le pays! Es-tu sûr que tu veux tourner le nez là-dessus pour aller soulager la misère dans un pays primitif et ignorant, loin d'ici et dont personne ne se préoccupe?

Je suis déçue de ton choix et je n'ose pas en parler à ton père qui comptait tellement sur toi pour continuer la grande tradition familiale. Ça va lui briser le coeur. Je ne sais pas comment tu pourras lui dire que la lignée des notaires... prendra fin, parce que tu veux poursuivre cette illusion de sauver le monde. Deviens plutôt un bon notaire comme ton père et comme tes aïeux, fais de l'argent et ensuite tu enverras des dons, déductibles d'impôt par surcroît, à tes oeuvres favorites.

Ne déçois pas nos rêves pour toi. Écoute ta mère qui t'aime beaucoup et ne veux pas que tu gaspilles ta vie en poursuivant des rêves futiles.

Je sais que tu prendras la bonne décision, que tu tiendras compte des désirs de Papa, de Grand-papa et de ta petite Maman et que tu t'orienteras vers la pratique du droit notarial. C'est la meilleure décision pour toi et toute la famille sera heureuse. Ne trouves-tu pas que Me Sébastien... se dit mieux que Dr Sébastien...?"

Bonne réponse du parent :

Devant la même déclaration du même fils finissant à l'école secondaire la même mère aurait pu et dû s'exprimer comme suit : "C'est une joie pour ton père et moi de voir combien tu es un bon étudiant et encore plus consolant de savoir que tu prépares sérieusement ton projet de vie. Nous savons que tu es au courant de la chance que tu aurais de succéder à Papa dans son étude de notaire. Cela te ferait une vie plus facile, mais la facilité n'est pas le plus important dans ton choix de carrière. Ce qui compte pour nous, c'est que tu sois heureux. Tu finis ton secondaire et l'an prochain tu iras au collège. Il te reste du temps avant ta décision finale. Sois assuré que nous appuierons ton choix et que nous ferons tout pour que ton rêve, quel qu'il soit, se réalise."

Conclusion de ce regard sur la famille

Une longue expérience personnelle et celle d'animateur des ateliers pause-joie de même que l'accompagnement de nombreux individus et de couples me montre que la famille d'origine demeure un facteur lourd de conséquences dans chacune de nos vies.

Il ne faut pas, pour autant conclure que <u>tous</u> les malheurs des enfants sont imputables <u>totalement</u> à leurs parents. Retenons que la famille d'où nous venons exerce une influence négative ou positive importante. Retenons aussi et surtout que nous sommes des être libres, capables de décision et, Dieu merci, de changement et de guérison.

Neuvième chapitre
Faisons le point

Maintenant nous avons une idée de ce que nous disent les philosophes, sociologues et psychologues sur l'être humain, sur les délicates et intimes relations au sein de la famille et l'influence de celles-ci sur nos vies. Il faut dire, pour être vrai, que nous sommes aussi, influencés par une société très médiatisée et porteuse de valeurs qui sont souvent en contradiction avec celles que véhiculent les familles d'origine. Il n'en demeure pas moins que, pour la grande majorité des cas, l'influence familiale est la plus importante.

Ceci étant dit et compris, suivons ce que la sagesse des siècles nous conseille en disant : "connais-toi, toi-même".

Un commerce qui ne fait pas un inventaire régulier et exact fait ordinairement faillite. C'est la méthode éprouvée pour trouver les faits et leur faire face. C'est un effort dans le but de trouver la marchandise endommagée ou qui ne peut se vendre, de s'en débarrasser promptement et sans regret. Si le propriétaire du commerce veut arriver au succès, il ne peut se permettre de se tromper au sujet des valeurs qu'il a en mains.

Il n'est pas étonnant alors que le malheureux ordinaire, se voyant dans un miroir déformant, se considérant comme des "mauvaises nouvelles" et courant comme un cheval à l'épouvante sur les sentiers de la vie, n'ait qu'une piètre idée des richesses et des lacunes qui sont les siennes. Contrairement au commerçant responsable qui veut réussir et éviter la faillite et qui sait, au dollar près, les valeurs qu'il possède et gère, le mal-heureux ordinaire s'ignore à peu près complètement.

D'ici la fin de ce livre, la notion d'inventaire reviendra souvent, car c'est un élément important et essentiel de la découverte que "oui, la joie ça s'apprend!"

Avant d'entreprendre l'application à nos vies de ce que nous avons découvert par l'apprentissage de certains exercices, il m'apparaît indispensable d'orienter notre réflexion sur un élément essentiel de chacune de nos existences : <u>la recherche du sens de la vie</u>. Cet aspect n'a pas toujours eu, et encore aujourd'hui, dans la plupart des milieux des sciences humaines et médicales, n'a toujours pas la place centrale qui lui revient. Cette absence explique la stérilité de beaucoup d'approches thérapeutiques.

Avant de passer aux exercices pratiques, il importe de faire le point sur les paramètres intellectuels dans lesquels se déroulent notre recherche et réflexion.

Nous avons vu antérieurement que les sciences humaines sont relativement récentes et qu'elles ne proposent pas des connaissances aussi fiables que la physique, l'astronomie ou, tout simplement, l'arithmétique dont on se sert à tous les jours. À tout le moins, la prudence s'impose et trop de rigidité pourrait mal nous servir. Ceci étant dit, on peut quand même se sentir en relative sécurité avec les affirmations suivantes :

- La personne humaine demeurera toujours insaisissable dans sa totalité, tant pour les autres que pour elle-même. Croire qu'on puisse un jour la réduire à quelques mécanismes et dynamismes complètement compris et parfaitement contrôlés est une utopie. C'est une vision trop réductrice, et pour tout dire, passablement méprisante à l'endroit de l'homme et terriblement présomptueuse et orgueilleuse de la part de ceux qui pratiquent ces très limitées "sciences" humaines.

- La psychanalyse insiste beaucoup sur le désir de plaisir (the pleasure principle) et la psychologie individuelle met l'accent sur le désir qu'on a de dominer sa vie et son entourage (the will to power). Ces écoles de thérapie furent principalement dues aux recherches et aux précieuses initiatives de Freud, Adler, Pavlov, Watson, Skinner et autres, Ces grands pionniers méritent toutes les louanges et tout le respect de ceux qui œuvrent dans cet important mais jeune domaine de compréhension des comportements humains (behaviorism). Cependant, la plupart de ces théories scientifiques souffrent de la même lacune, celle-ci : on n'aborde pas ce qui nous habite de la façon la plus intime et profonde, à savoir : le désir de donner signification à notre vie! Rejetant la question de la finalité de la vie comme non scientifique, on n'admet pas la dimension spirituelle de nos vies comme importante et centrale à la définition même de la personne humaine.

À titre d'exemple, un de mes amis est prêtre et, par souci d'efficacité pastorale, a décidé de s'inscrire à l'université, en sciences psychologiques, dans le but de devenir thérapeute conjugal. On lui a dit, au point de départ : "Tu peux oublier le spirituel, ici on fait de la science!"

Une théorie thérapeutique qui refuse la dimension spirituelle ne peut tenir compte de l'importance capitale que chaque être humain le moindrement conscient accorde à la recherche de la signification dans sa vie. Pis, bien pis! plusieurs thérapeutes considèrent que l'importance donnée par un "patient" à la dimension spirituelle et à la recherche de signification dans sa vie constitue une béquille, un conditionnement à contrer, un complexe à corriger. Bref, une névrose!

- Albert Camus dans son essai "Le Mythe de Sisyphe" (1942) a exprimé l'idée suivante : "Il n'y a qu'un problème... celui de décider si la vie vaut la peine d'être vécue."

- Le père de la logothérapie et, en cette matière, un de mes maîtres, Viktor Frankl écrit dans : "The Unheard Cry for Meaning" : (je traduis) "Contrairement aux autres animaux, l'homme n'apprend pas des élans et des instincts ce qu'il doit faire et, contrairement à l'homme des générations passées, ne voit pas sa conduite dictée par la tradition et des valeurs traditionnelles. L'absence de ces directives font que souvent il ne sait pas ce qu'il veut faire. Le résultat? Soit qu'il fait comme tout le monde c'est le conformisme, soit qu'il fait ce que d'autres lui imposent c'est le totalitarisme".

- Viktor Frankl, dans l'oeuvre citée, poursuit sa pensée. Pour lui, ce sont la dépression, la violence, les codépendances qui sont les trois symptômes du manque de signification dans des vies individuelles et dans la vie collective. Il nomme ce sentiment de futilité : "existential vacuum", le vide existentiel!

- Plus loin il écrit (je traduis) : "il est vrai que Sigmund Freud écrivait un jour à la Princesse Bonaparte : "le jour où quelqu'un s'interroge sur le sens et la valeur de la vie, il est malade". Mais, moi, je pense que s'interroger sur le sens de la vie c'est prouver qu'on est humain. La recherche du sens de la vie est une caractéristique spécifique de l'être humain. Aucune autre créature s'interroge ainsi et recherche le sens même de son existence. Seul l'homme est habité par cette question."

- Dans "The Doctor and the Soul", Frankl affirme (je traduis) : "Lorsqu'on regarde la vie humaine sans théories préconçues, il faut conclure que le fait d'être conscient et responsable joue un rôle fondamental dans l'existence humaine." En fait, on peut affirmer comme principe de base : être humain, c'est <u>être conscient et responsable</u>.

C'est donc sur cette toile de fond que vous êtes maintenant invité à procéder aux exercices qui permettront l'adoption d'un mode de vie <u>conscient et responsable</u> qui mène à joie!"

À ceux qui le veulent vraiment, qui décident de mener une existence plus pleine et plus épanouissante, qui veulent mordre dans l'aventure de la vie, qui veulent connaître et faire fructifier leurs talents, qui aspirent de tout leur être à vivre une vie remplie de signification, la troisième partie de ce petit livre leur est très particulièrement consacrée.

Dès maintenant, l'entraînement <u>quotidien</u> pour les olympiques de la joie commence et tous peuvent se mériter la médaille d'or!

Troisième partie
ET ALORS, MOI, AUJOURD'HUI?

Chapitre dixième
EXERCICES SELON ARISTOTE ET SES AMIS

Rien n'entre dans l'intelligence sans d'abord passer par les sens. (Aristote)

(Nil in intellectu nisi prius in sensu)

Le principe énoncé par Aristote est vrai aujourd'hui comme il le sera demain. Imaginez comment véhiculer une idée à une personne sourde, aveugle, dénuée d'odorat, de goût et de toucher. C'est évidemment impossible. On ne peut conclure pour autant que le fait d'être doté de tous les sens assure une connaissance objective, une captation infaillible de la réalité. Aristote avait vu juste en indiquant que les passions, les habitudes, les valeurs et les états d'âme de celui qui perçoit peuvent déformer la réalité transmise par les sens.

Les spécialistes modernes des sciences humaines sont plus précis et pour situer le premier exercice, les brèves informations suivantes sont nécessaires.

Il semble que le cerveau (au sujet duquel les recherches sont encore très limitées) soit divisé en trois principales parties :

-le cerveau dit reptilien, situé à la base du crâne est la partie qui contrôle les opérations vitales : pression et circulation sanguines, les rythmes respiratoires, le sommeil, la reproduction, la réponse musculaire aux divers stimuli (v.g. cligner des yeux devant l'intensité de la lumière) et tant d'autres réactions automatiques que les philosophes, disciples d'Aristote, nomment les "primo primi". Cette partie du cerveau est spécifique à tous les vertébrés. C'est pourquoi certains le nomment "cerveau reptilien".

*Pour ceux qui ont appris le latin pendant leur cours classique, c'est en ces termes que s'expriment ce principe d'Aristote et les autres présentés dans les autres exercices.

Relié au cerveau reptilien en forme de branche double ceinturant le dessus du cerveau, se situe une autre partie dont la fonction semble être la génération d'émotions vives et durables. Cette deuxième partie, nous disent ceux qui étudient cette question, est préoccupée par notre survie. Cette partie du cerveau ne dort jamais, n'a aucune notion du temps. Il n'y a pas pour lui de "hier". Tout est présent, tout le temps! Il semble se demander une seule et unique question générale : "Suis-je en situation de sécurité?" Cette partie de nous-mêmes que les modernes appellent le "ID" est aussi appelé-le subconscient.

- le cerveau conscient, le "ego", se divise en quatre parties ou lobes. C'est le siège de la pensée consciente, le lieu des décisions, des planifications, des créations, des réflexions. C'est cette partie que nous voyons comme constitutive de la totalité de notre être.

Contrairement à la clarté du cerveau dont on a conscience, l'autre partie, encore passablement mystérieuse (le ID, le subconscient), ne peut distinguer les personnes, les choses, les temps et les espaces. Face à une personne, cette partie du cerveau semble susciter des <u>émotions</u> découlant de

<u>perceptions</u> comme "voici quelqu'un à aider; voici quelqu'un qui me veut du bien; voici quelqu'un à qui je dois obéir; voici quelqu'un que je dois attaquer; voici quelqu'un que je dois fuir; voici quelqu'un que je pourrais partager sexuellement". C'est brutal et frustre et, à notre insu, exerce une influence sur notre façon de nous percevoir, de percevoir les autres, de percevoir la vie, et de réagir à tout ce qui constitue "notre" monde.

Ces diverses précisions sont importantes avant de commencer les exercices de découverte de soi qui vous sont proposés. Vous remarquerez aussi que chacun des exercices est accompagné d'explications le reliant à ce que nous avons dit ou découvert jusqu'ici.

Chapitre onzième
Premier exercice

"MES QUALITÉS"
(en trois étapes)

Étape # 1
Inscrivez au haut d'une feuille blanche le titre suivant

"MES QUALITÉS"

Pour plus d'efficacité, observez scupuleusement les consignes qui accompagnent ces exercices. C'est très important.

Procédez immédiatement à dresser la liste de vos qualités. Faites un effort réel et sérieux pour trouver <u>toutes</u> vos qualités et talents. **Interrompez votre lecture ici et, dans <u>trente minutes</u>, nous nous retrouverons à la page suivante.** L'exercice proposé ici constitue une étape importante dans la poursuite du but de ce livre et jouera un rôle capital dans notre démarche.

Bon travail ! **30 minutes !**

Étape # 2

Voilà! Vous avez cherché pendant trente longues minutes vos talents et qualités? Si vous êtes fidèle à la tradition découverte au cours des ateliers de **Pause-Joie**, votre liste est courte, très courte et, <u>avant même</u> de commencer, vous vous êtes probablement fait des commentaires comme :

"la liste ne sera pas longue...", ou "il aurait dû demander la liste de mes défauts...", ou "je suis trop ordinaire pour avoir des talents et qualités", ou "si je me fie à mes parents et à mon conjoint(e), je n'ai pas beaucoup de raisons de me vanter", etc.

Généralement les participants se mettent à rire alors que je souligne à l'un et l'autre des qualités évidentes qui furent <u>oubliées</u>. Mais le rire est de courte durée car, en fait, nous sommes les témoins d'une tragédie dont les effets dans chacune de nos vies sont constants et douloureux.

Pour vous aider, voici une liste de qualités qui est loin d'être complète, mais qui vous servira de point de comparaison avec celle que vous venez de rédiger au cours de votre sérieuse recherche de trente minutes.

Chaque fois que vous trouverez sur cette liste une qualité que vous avez <u>oubliée</u> ou, ce qui est plus probable, un qualité dont vous n'aviez pas conscience, inscrivez-la sur une **<u>autre feuille blanche</u>** où vous aurez inscrit le titre : <u>Mes qualités inconnues</u>.

Pour vous aider, voici une brève liste de qualités de personnes ordinaires :

Aimable, appliqué, accommodant, accueillant, actif, avenant, affectueux, altruiste, ardent, audacieux, adroit, agile, artiste, attentif, bon, brave, bienveillant, bienfaiteur, calme, chef, charmant, conciliant, compatissant, complimenteur, courtois, courageux, créateur, cordial, compétent, dévoué, délicat, désintéressé, dynamique, décent, droit, distingué, discipliné, doux, déterminé, débrouillard, énergique, entreprenant, efficace, enjoué, fiable, fin, fraternel, ferme, franc, expérimenté, fort, généreux, habile, humble, heureux, hardi, honnête, indulgent, ingénieux, industrieux, intéressé, intelligent, intrépide, juste, joli, joyeux, lecteur, louangeur, loyal, magnanime, modeste, naturel, observateur, optimiste, précis, pieux, prévenant, patient, persévérant, propre, protecteur, ponctuel, plaisant, perspicace, prudent, respectueux, réservé, raisonnable, réfléchi, serviable, sobre, sociable, serein, sympathique, simple, subtil, studieux, sincère, sage, sérieux, sensible, travailleur, tendre, tenace, volontaire, vertueux, vaillant, vigilant.

Étape # 3
Attention!!!
Vous découvrez...

Vous avez maintenant <u>deux</u> listes : la première, personnelle, si laborieusement compilée et l'autre, tirée de la liste de qualités possibles à partir de laquelle vous avez débuté la vraie découverte de vos qualités omises, oubliées ou ignorées.

En ordre alphabétique, fusionnez ces deux listes sur une troisième feuille portant le titre : **<u>Mes qualités, comme je les vois aujourd'hui</u>** et inscrivez très précisément la date complète : le jour, le mois, l'année et l'heure.

C'est le moment très précieux et mémorable où vous avez commencé systématiquement à vous connaître. Pour moi, comme pour tant d'autres, ce moment fut un tournant important, un premier pas vers la découverte de la joie, un premier indice que "**oui, la joie, ça s'apprend**". Continuons!

Suggestion

Pour plus d'efficacité, demandez à un ami de dresser <u>sa</u> liste de <u>vos</u> qualités pour ensuite comparer celle-ci :

a) à votre liste initiale et

b) à votre liste améliorée. Vous et votre ami ferez d'intéressantes découvertes.

Chapitre douzième
Leçons à tirer de l'exercice sur "mes qualités"
Cinq importantes affirmations

Les exercices du précédent chapitre sont souvent source de rires et d'humour. Certains pensent même que l'ignorance de leurs talents et qualités démontre leur grande humilité, la vertu dont on fait des saints. Foutaise! Il faut corriger cette désastreuse erreur et nous le faisons en proposant cinq sujets de réflexion. Explorons les cinq affirmations suivantes :

a) Dieu ne fait pas de "scrap"

b) L'humilité, c'est la vérité

c) Cette méconnaissance et cette vision négative de soi sont les résultantes en partie plus ou moins importante de la famille et des institutions dysfonctionnelles qui nous ont formés.

d) <u>L'école des erreurs est l'école de la vie</u>

e) <u>Le perfectionnisme, un ennemi à combattre</u>

Première affirmation
<u>DIEU NE FAIT PAS DE "SCRAP"</u>

Nous avons vu au cinquième chapitre (p.55) que Dieu, tel que nous le concevons pour les fins de cet ouvrage, est Créateur. Notre culture judéo-chrétienne fait l'histoire de nos origines et décrit notre nature libre dès les premières pages de la Bible. On y raconte la création du ciel et de la terre et tout ce qu'on y trouve. Le texte qui nous intéresse particulièrement est celui de la création de l'être humain. Voici :

Dieu dit enfin : "Faisons l'homme à notre image, comme notre ressemblance, et qu'il domine sur les poissons de la mer, les oiseaux du ciel, les bestiaux, toutes les bêtes sauvages et toutes les bestioles qui rampent sur la terre".

Dieu créa l'homme à son image, à l'image de Dieu, il le créa, homme et femme il les créa.

Dieu les bénit et leur dit : "Soyez féconds, multipliez, emplissez la terre et soumettez-la". (Gen.1,26-28)

Ainsi nous sommes assez bien faits pour que Dieu recherche notre amitié. Nous sommes sortis de ses mains, il nous a confectionnés en prenant les mesures sur lui-même. Seule créature libre de tout l'univers, l'être humain se voit offrir l'honneur de collaborer avec Dieu pour mener l'univers à sa plénitude. La création est confiée à l'intendance de l'homme. "Soumettez-la" dit Dieu et un peu plus loin, contemplant son oeuvre "Dieu vit tout ce qu'il avait fait : cela était très bon".

Mépriser la créature de Dieu que nous sommes, c'est mépriser le Créateur. Or lui, en nous créant, s'est exclamé : "Que cela est donc très bon!". Ne pas nous connaître et nous apprécier équivaut à le contredire. Le plus beau paysage, le plus colorés des couchers du soleil, le plus romantique des clairs de lune et la plus éclatante des aurores sont de pâles reflets de la beauté et de la grandeur de l'homme fait à l'image de Dieu. Il est la seule créature dotée de liberté et, esprit corporel, il est la seule créature consciemment ouverte sur l'infini et l'immortalité. Il est le seul dont toute la vie doit être consacrée à la mise en valeur de ses qualités et talents pour son épanouissement personnel, pour sa plus grande joie et celle des autres.

Deuxième affirmation :
L'HUMILITÉ, C'EST LA VÉRITÉ

Le mot "humilité" vient du latin "humus" qui signifie sol, terre. De là vient le mot "inhumation" qui veut dire enterrement ou ensevelissement.

La spiritualité judéo-chrétienne dit que Dieu a horreur des orgueilleux et l'évangile blâme le pharisien qui rend grâce "parce qu'il n'est pas comme le reste des hommes" et qui procède ensuite à l'énumération de ses bonnes oeuvres. Le publicain qui reconnaît ses limitations, ses faiblesses et son besoin de pardon et de salut est justifié. La parabole de Jésus se termine par les mots suivants : "Car tout homme qui s'élève sera abaissé, mais celui qui s'abaisse sera élevé" (Lc.18,9-14).

Tout ceci est vrai, mais il ne faut pas tirer de ce texte de fausses conclusions. Ici, il vous est proposé de prendre conscience des qua-lités et talents qui sont les vôtres, afin de les faire fructifier au maximum pour <u>votre</u> épanouissement et votre joie. Ensuite Vous êtes appelé à mettre toute cette richesse humaine au service des autres. Répétons ici qu'un commerçant qui ne fait pas d'inventaire régulier et se trompe quant aux valeurs qu'il a en mains...fait faillite!

Il n'est pas du tout question de convoquer une conférence de presse et de crier sur les toits les qualités et talents que vous aurez découverts dans ces exercices. Il est encore moins suggéré de regarder de haut et de ridiculiser ceux qui n'ont pas vos talents et qualités ou qui les ont à un moindre degré. Ce sont là les comportements de l'orgueilleux et l'antithèse de l'humilité.

La personne consciente de ses talents, qualités et potentialités est responsable et sensée. Elle sait ce qu'elle doit gérer pour vivre pleinement. Cette connaissance de soi est parfaitement compatible avec la pratique de la vertu d'humilité car elle s'accompagnera, comme vous verrez, de la liste de nos lacunes et le devoir d'essayer de les corriger. Surtout, cette connaissance de soi permet de découvrir que beaucoup de nos qualités sont le fruit d'aucun effort de notre part.

Il faut de l'humilité pour le reconnaître et comprendre que ces dons s'accompagnent du devoir de les protéger (ex. : une bonne santé) ou de les développer (ex. : l'intelligence, la musicalité, la facilité de communiquer, de vulgariser, d'apprendre des langues, la souplesse physique, la créativité artistique, etc.). Finalement, l'objectivité qu'impose une bonne connaissance de soi, implique que ceux qui ont beaucoup reçu sont grossièrement indécents quand ils se moquent de ceux qui ont moins reçu. Ils doivent plutôt prendre conscience que tous les talents et qualités doivent être mis au service des autres.

Ces vérités sont source de l'humilité qui découle de la connaissance de toute la vérité sur soi. Être intelligent et se dire sot, être en santé et se dire malade, être matériellement à l'aise et se dire miséreux relève de la plus grande bêtise. Il n'y a là-dedans ni vertu d'humilité, ni intelligence, ni conscience du vrai sens de la vie.

Troisième affirmation :

CETTE MÉCONNAISSANCE DE SOI PROVIENT, EN PARTIE,DE LA FAMILLE ET DES INSTITUTIONS QUI NOUS ONT FORMÉS

Nous avons vu précédemment (voir "la famille dysfonctionnelle", pp.? à ?) que l'éducation reçue avait souvent pour effet de laisser les personnes psychologiquement handicapées par une vision négative et erronée d'elles-mêmes. Elles sont devenues, à leurs propres yeux, des "mauvaises nouvelles" et l'image selon laquelle elles se jugent provient du miroir déformant hérité de leur éducation et qui suscite chez elles la honte radicale. Elles se voient comme ne valant rien, comme étant défectueuses... ou presque.

Il est normal de se sentir honteux quand on a fait quelque chose de répréhensible. Cette honte est saine et se nomme : "voix de la conscience". Mais la honte de soi qui découle de la dévalorisation systématique pratiquée à l'endroit des enfants dans les familles dysfonctionnelles fait qu'on grandit en pensant qu'on est radicalement et irréversiblement défectueux. C'est là que se situe souvent la racine, de notre "tristesse".

Deux comportements illustrent de façon éloquente combien le mal-heureux est incapable d'un inventaire objectif de ce qu'il est :

a) l'ignorance de ses qualités et talents comme le démontre l'exercice fait au chapitre précédent;

b) le malaise ressenti lorsqu'on reçoit un compliment. Ce malaise est tel qu'on sent le besoin de nier ou de diminuer le talent ou le geste pour lequel on nous félicite. C'est comme si on n'avait aucune qualité qui mériterait vraiment un compliment.

Notons aussi que, jusqu'à récemment, les Églises chrétiennes ont souvent senti le besoin de souligner jusqu'à quel point nous étions des grands pécheurs, des "sans valeur" ("worth-less", en anglais), pour pouvoir illustrer jusqu'à quel point Dieu nous aime et jusqu'où peut aller sa miséricorde.

Notre état de créature limitée, mesurée par le temps et l'espace suffit pour illustrer l'amour infini du Dieu des chrétiens qui, par la foi au Christ ressuscité deviennent "enfants de Dieu" (Jn,1,12). Il n'y a aucune raison de nier ce que le Créateur dit de l'homme qu'il crée : "cela est très bon" (Gen.1,31).

La pédagogie dénigrant celui que Dieu fit "à son image" se situe donc à mille lieues de celle transmise par le récit biblique. Cette attitude fut tout aussi nocive pour beaucoup d'éducateurs de la foi, qui croyaient vraiment, pour eux comme pour les autres, que "la crainte est le commencement de la sagesse".

On pourrait en dire autant de l'école et des autres institutions qui, à des degrés divers, ont façonné l'image qu'on a de soi. Les chartes des droits sont très récentes, les syndicats datent d'à peine 60 ans, tandis que l'ombudsman, comme institution pour la défense des droits (et de la valeur) de la personne, s'est avéré plutôt anémique dans son action.

La conjugaison de tous ces facteurs explique pourquoi tant de personnes ont de la difficulté à faire un inventaire convenable de leurs forces et faiblesses, de leurs qualités et lacunes. Comment vivre une vie signifiante, féconde et épanouissante quand on ne sait même pas qui on est? Un commerce qui ne fait pas un inventaire régulier et exact fait faillite. Quelqu'un qui vit sa vie sans...

Quatrième affirmation :
NOS ERREURS SONT L'ÉCOLE DE LA VIE

Je suis souvent ému jusqu'aux larmes lorsque je vois un couple de patineurs olympiques accomplir leurs prouesses d'agilité, de grâce et de synchronisme, toute cette incroyable acrobatie étant, en plus, effectuée en parfaite harmonie avec la musique d'accompagnement.

Cette poésie en mouvement qui suscite pourtant tellement d'admiration n'obtient à peu près jamais une note parfaite. Il y a toujours une erreur en quelque part : le saut n'était pas tout à fait assez haut, l'atterrissage un tantinet chancelant ou le synchronisme légèrement imprécis.

Les concurrents et leurs entraîneurs révisent ensuite le film de chaque performance, soulignent et analysent les qualités et lacunes, préparent un programme d'exercices appropriés et se mettent à l'oeuvre pour bonifier constamment une performance qui déjà frôle une perfection incroyable.

Ces athlètes ne sont pas nés avec l'expertise tant admirée. Ils ont travaillé fort pour maîtriser les techniques de base pour ensuite, s'entraîner plusieurs heures par jour pendant des années à la recherche de l'excellence. Étant humain, jamais on ne se trouve à l'abri de la chute crève-coeur, de l'erreur pouvant toujours survenir au moment le plus inopportun.

Cet exemple fut choisi pour illustrer que l'école des erreurs est celle dont les leçons sont les plus durables. D'aucuns appellent ça l'Université de la vie. En effet, c'est par nos erreurs que nous apprenons à marcher, parler, écrire, vivre en société; c'est ainsi qu'on apprend à maîtriser un métier, à exceller dans un sport,etc.

Le dicton est vrai que c'est en forgeant que l'on devient forgeron. C'est en essayant qu'on apprend. "Vingt fois sur le métier, remettez votre ouvrage" disait Nicolas Boileau (1636-1711) au sujet de l'art poétique.

On peut bien dire que les exemples choisis proviennent du monde du sport ou de la littérature. C'est vrai. Mais notre apprentissage de la joie personnelle, des relations humaines familiales, de la vie de couple de nos liens avec nos enfants exigent des efforts plus persévérants, des analyses plus conscientes et des décisions plus courageuses que la maîtrise d'un sport ou d'un art littéraire. Devenir pleinement humain, c'est apprendre constamment. L'apprentissage d'une vie de joie suppose, en bonne partie, les leçons tirées de nos erreurs.

Ceci étant, la pédagogie empoisonnée de la famille, telle que décrite ici, (ch.8 pp. 79...) et ne laissant pas de place pour l'erreur et, ne respectant pas les droits de la per-sonne, se sert des erreurs de l'enfant en croissance et en apprentissage pour le dévaloriser. Rien d'étonnant alors qu'on ne connaisse pas ses qualités et talents; rien d'étonnant non plus qu'on accepte mal les compliments et qu'on ait une vision plutôt douloureusement négative de soi.

On apprend par nos erreurs; or on nous <u>a dit qu'on on n'a pas le droit d'en faire</u>; donc si on fait des erreurs, <u>on se voit comme un être défectueux</u> qui n'a pas le droit d'apprendre <u>comment</u> vivre comme le fait tout être humain "normal".

Cinquième affirmation :
LE PERFECTIONNISME; UN ENNE-MI À COMBATTRE

Il nous arrive souvent de dire de quelqu'un qu'il est un perfectionniste. On le dit avec admiration et quelquefois avec envie. C'est comme si c'était une vertu de refuser toute imperfection, de n'être satisfait que de 100%, tout le reste étant considéré comme des balayures. Foutaise!

Travailler fort pour être le meilleur possible n'équivaut pas à être perfectionniste. Ça veut tout simplement dire qu'on a fait son gros possible, qu'on a donné son meilleur effort, qu'on a obtenu le meilleur résultat dans les circonstances. Il est certain que nous pouvons nous reprocher souvent de ne pas donner notre pleine mesure et il faut en être conscient et tenter de faire mieux.

Mais, de là à dire que seule la perfection est acceptable comme résultat de nos efforts, il y a toute une marge qu'on ne franchit pas impunément. Là réside la différence entre mener une vie humaine satisfaisante et une vie de triste et permanente frustration.

Exiger de soi le meilleur effort possible et pouvoir se rendre témoignage de l'avoir vraiment fourni est source de joie. Exiger une perfection presque toujours impossible à atteindre malgré les meilleurs efforts, c'est se condamner à un état constant de débilitante déception.

Encore une fois, la famille dysfonctionnelle et sa pédagogie empoisonnée qui ne respecte pas les droits les plus élémentaires du cheminement de l'enfant vers la vie adulte est ici aussi la source du miroir déformant à travers lequel on se voit mal.

Le cas de Jean

On m'a déjà raconté le cas de Jean (nom fictif). On me décrivit les évidentes, nombreuses et admirables qualités de ce jeune homme. Paraplégique à la suite d'un accident à l'âge de dix ans, il avait maîtrisé rapidement son fauteuil roulant et ses béquilles. Malgré son handicap, il accédait presque partout où il voulait. Bien doué et travaillant, il fit de brillantes études et se qualifia pour l'exercice d'une profession, s'assurant ainsi satisfaction intellectuelle et sécurité financière. Généreux, il collaborait à plusieurs groupes d'aide aux paraplégiques, leur accordant son temps et son argent. Il épousa une consoeur d'université qui avait surmonté un handicap aussi grave que le sien. Ils adoptèrent deux beaux enfants. Voici donc Jean qui a réussi <u>sa</u> vie et <u>dans la vie.</u> Alors que fait-il dans le bureau de mon ami psychothérapeute?

Louis (nom fictif), le père de Jean, un autodidacte très ambitieux et travaillant (workaholic), avait bâti une entreprise très prospère et rêvait d'expansion avec son fils unique, Jean qui était devenu, dès sa naissance, la personnification de la perfection sans laquelle Louis ne pouvait vivre. Pour lui-même et pour tous ceux qui l'entouraient, Louis était reconnu comme exigeant au point d'être honni de son personnel et perçu comme impossible à satisfaire. Jean, même avant son accident, n'était jamais parvenu à lui arracher un compliment ou un seul petit mot d'encouragement. S'il arrivait deuxième, c'était de la faute de Jean, car un petit effort de plus et...S'il ratait le 100% sur un test de mathématiques, il était qualifié de "distrait" ou de "négligent", et l'oubli d'une virgule ou d'un accent dans une dictée rencontrait le même flot de blâmes : "Si j'avais eu toutes tes chances, je t'assure que j'en aurais profité plus que toi!" Jean percevait constamment, comme un leitmotiv, que toute cette sévérité était "pour son bien" et lui prouvait combien son père, Louis, l'aimait.

Et vint le jour où les freins de la bicyclette de Jean lâchèrent alors qu'il descendait à toute vitesse une rue tortueuse qui, de façon imprévue, prenait une dangereuse inclinaison. Le jeune cycliste de dix ans dévalait donc la côte à une vitesse folle. Il perdit tout contrôle et donna de plein fouet contre la chaîne du trottoir et fut projeté violemment contre la clôture de pierre encadrant une maison.

Malgré les meilleurs soins médicaux, Jean restera paralysé de la ceinture aux pieds pour toute sa vie. S'il voulait atteindre une certaine mobilité et devenir moins dépendant des autres, il devait se soumettre à une constante et douloureuse physiothérapie. Son père, Louis, déjà déçu de "l'erreur" de Jean en bicyclette, était le meneur de jeu.

Encore ici, Jean n'en faisait jamais assez, ne progressait jamais assez vite, aurait dû pouvoir toujours faire un exercice de plus... et un autre et un autre! Toujours plus!

Jamais assez! Jamais un mot d'encouragement, jamais un compliment car, dans la tête de Louis, cela équivalait à inviter Jean à s'asseoir sur ses lauriers et à ne plus travailler.

Depuis qu'il était bébé, comme tout enfant, Jean percevait Louis comme sa source de sécurité, comme celui qui, plus que tout autre sur la terre, l'aimait et voulait son bien. Pour l'enfant, sa propre survie exige qu'il croie que ses parents ne peuvent pas se tromper. Il devint donc évident à Jean que c'était parce qu'il était "défectueux" qu'il n'atteignait jamais la perfection demandée par Louis. Voilà donc Jean en thérapie pour redresser le miroir déformant que lui a légué son père "perfectionniste".

Conclusion de ce chapitre

Nous venons de voir comment il se fait que nous sommes, dans une certaine mesure, devenus qui nous sommes. Encore une fois, nous sommes ici en sciences humaines et non pas en mathématiques. Ces réflexions et affirmations de philosophes et de spécialistes du comportement humain sont présentées pour orienter votre regard vers des zones de votre expérience et de votre vie intérieure, permettant ainsi une meilleure connaissance de soi. Il serait, dans tout cela, injuste, dangereux et imprudent d'établir systématiquement des relations de cause à effet, comme si nous étions des automates. Nous demeurons toujours des êtres dotés de liberté et, dans une mesure certaine, responsables de ce que nous sommes, devenons et deviendrons.

Après ce premier regard sur notre vie, sur les valeurs et le milieu dans lesquels notre vie s'est déroulée jusqu'ici, nous pouvons maintenant, avec profit, examiner de plus près certains aspects particulièrement nocifs ou bénéfiques pour la culture d'une joie durable dans notre vie.

Chapitre treizième
Deuxième EXERCICE

De tous les traits décrits dans le profil psycho-social du mal-heureux ordinaire (chapitre 4 pp.37...) le ressentiment est parmi les plus dévastateurs. Le mathématicien exprimerait la relation entre la joie et le ressentiment dans les termes suivants : l'indice de joie dans une vie est inversement proportionnel au degré de ressentiment logé au fond du coeur. Moins il y a de ressentiment, plus la joie peut être grande et, inversement, plus il y a de ressentiment, moins la joie peut fleurir. Le ressentiment combiné à la vision négative de soi le pire ennemi de la joie. C'est un destructeur subtil et hypocrite et, pour ces raisons, un ennemi d'autant plus dangereux. Ce terrible ennemi de la joie se cache sous des mots de fierté du genre : "J'ai assez de coeur pour...", ou encore sous le langage de la justice du genre: "Tout se paye dans la vie et on va me payer ça" ou encore : "Seul un lâche ne chercherait pas vengeance", et : "Si je laisse passer ça, tout le monde va abuser de moi".

Ces attitudes cachent une réalité, celle-ci : nous ne voulons pas reconnaître que nous sommes habités par une émotion aussi peu noble que le ressentiment "haïr, ce n'est pas beau!" Il est plus intéressant de se croire juste, fier et courageux, que de reconnaître que nous sommes des machines de haine ambulantes qui dans certains cas, sont tellement remplies de ressentiment que le coeur est à peu près fermé à l'amour, à l'amitié et à la confiance dans les autres. Sans aucune exagération, le ressentiment brise la personne qui le cultive. Bref, c'est la négation même de la joie.

Le ressentiment est tellement important comme source de tristesse, d'amertume et d'agressivité que notre apprentissage de la joie suppose que nous démasquions cet ennemi mortel pour apprendre ensuite comment lui livrer une guerre sans merci.

Au chapitre (ch 9 p.??), on rappelait qu'un commerce qui ne fait pas un inventaire régulier fait généralement faillite. Donc, l'inventaire en vue d'une meilleure connaissance de soi ne serait pas complet si on n'examinait pas __objectivement__ ses ressentiments. Si on veut vraiment découvrir que "oui, la joie ça s'apprend!", il faut faire cet important inventaire :

Voici le deuxième exercice

Au cours de notre cheminement, des individus, des groupes de personnes, des institutions, __consciemment ou inconsciemment__ nous ont fait mal, ont lésé nos droits, ont coupé nos élans, ont accentué nos douleurs, limité notre croissance, etc.

Pour inventorier efficacement cet ennemi de notre joie, il importe de prendre le temps de découvrir __froidement__ ce que nous **ressentons** __vraiment__ à leur endroit. Étant donné que le ressentiment se cache et se masque de façon tellement sournoise, la liste suivante sera utile dans cette importante démarche intérieure. Il s'agit pour le moment de __voir__ si on a du ressentiment et, note importante, ce n'est pas le moment de se demander comment on peut le faire disparaître de nos vies. Comparons la situation à celle du chirurgien qui dirait : "Établissons le diagnostique et <u>ensuite</u> on passera à la salle d'opération". <u>Avant</u> de faire l'ablation du ressentiment, il faudra le découvrir. Voici donc une liste pour vous aider à le dépister.

Mes ressentiments peuvent s'adresser à des personnes ou à des institutions, telles que :

Mes grands-parents, ma mère, mon père, mes frères, mes soeurs, mon conjoint, ma conjointe, mes beaux-parents, mes enfants, ma parenté (cousins, cousines, oncles, tantes, neveux, nièces, parrain, marraine et autres proches), mes voisins, mes amis, mes professeurs, mes associés, mes employeurs, mes compagnons de travail, les syndicats, les gouvernements, la société en général, le clergé, l'Église, Dieu.

Enfin, je peux avoir du ressentiment
__contre moi-même :__
- parce que j'ai posé des gestes honteux, regrettables et déshumanisants;
- parce que je suis déçu de ce que j'ai fait de ma vie jusqu'ici;
- parce que je n'ai pas été une joie et une consolation pour mes parents;

- parce que j'ai fait vivre injustement une situation douloureuse et difficile à mon conjoint(e), à mes enfants, à mes amis;
-parce que je me reproche des actes qui impliquent le mensonge, l'injustice, l'infidélité, la violence psychologique ou physique à l'endroit d'adultes et/ou d'enfants.

Encore une fois, en effectuant cet inventaire, souvenez-vous de **ne pas** vous demander à ce stade-ci la question : "Comment vais-je me débarrasser de mon ressentiment?"

Comment faire?

Suivez les étapes suivantes :

1-Relisez, à la page 136, la liste des personnes ou institutions qui pourraient être objets de ressentiment.

2-Faites votre liste en encerclant le nom des personnes et des institutions spécifiques qui font l'objet de votre ressentiment.

3-Pour chacun, rappelez brièvement les faits et événements.

4-Examinez les effets de ce ressentiment sur votre attitude et vos émotions aujourd'hui.

<u>Note:</u> Voici quelques exemples tirés de témoignages reçus au cours des années. Les situations furent modifiées pour protéger l'identité des personnes et familles, mais la dynamique du ressentimentdécrite est réelle.

Premier exemple :
Jean, (confidence reçue)

L'objet : Jean avait beaucoup de ressentiment contre Robert, son voisin, lorsque il avait 16 ans.

Les faits : Robert volait toujours ses "blondes". Il avait droit à l'auto de son père, lui! Il narguait Jean et riait de ses faibles ressources économiques et des limites que cela imposait à sa vie sociale.

Les effets : Jean est devenu envieux au point de mépriser et de se méfier de ceux qui ont un pouvoir économique plus fort que le sien. Jean constate aussi qu'il a une tendance à écraser les autres quand il est en autorité et en position de pouvoir.

Deuxième exemple

L'objet : Le père (confidence reçue)

Les faits : Alcoolique actif, irresponsable, violent, colérique. Il ne m'a jamais dit un mot d'encouragement, ne m'a jamais dit qu'il m'aimait. Ma mère et les sept enfants vivaient constamment dans la peur de sa violence et dans l'insécurité économique reliée à la dilapidation du revenu familial.

Les effets : Malgré mon mépris pour l'alcool, je suis devenue alcoolique et toxicomane et j'ai marié un alcoolique jaloux et violent. Je porte des jugements rapides et sans pitié sur moi et les autres; je me sens différente et inférieure. Je suis très dépendante des autres, tellement je crains l'abandon. Je suis possessive, méfiante et je vis dans l'insécurité car je ne me reconnais à peu près aucune valeur et je me sens constamment victime de la vie et des circonstances.

Ces quelques exemples représentent des cas typiques, des situations très courantes. En faisant cet exercice, aimez-vous. Faites cet exercice en vue de votre libération et sachez que nous sommes tous, à des degrés divers, sous la menace constante de noyer nos possibilités de joie dans les marécages du ressentiment.

Prenez maintenant quelques feuilles de papier et selon la méthode proposée, <u>découvrez</u> jusqu'à quel point, <u>dans votre cas</u>, le ressentiment vous habite aujourd'hui. Dans la liste des objets possibles de votre ressentiment (p.???) que vous reconnaissez comme

140

pertinents et applicables à votre cas.
Procédez ensuite à l'analyse en profondeur
de chaque situation, comme dans les exemples donnés.

N'ESCAMOTEZ pas cet exercice,
prenez tout le temps nécessaire; si vous
êtes ému, arrêtez, reposez-vous et recom-
mencez doucement, mais sûrement.
Sachez que vous découvrirez une des principales causes de votre malaise intérieur et
qu'un remède efficace vous sera proposé

Chapitre quatorzième
Troisième exercice

LE PAR-DON
Voici le carrefour où le choix de la joie est fait... ou perdu, voici le moment de décision

Parmi les ennemis de la joie, le ressentiment est sans doute le plus corrosif et le plus destructeur. La construction sérieuse d'une vie de joie et d'épanouissement commence d'abord par une guerre sans merci à cet adversaire psychologiquement mortel.

Il est impensable que la joie soit possible tant qu'on n'a pas libéré son coeur de la rancune, de l'aigreur et de l'angoisse que génère le ressentiment.

Si on n'arrête pas de se torturer avec le souvenir de certaines personnes médisantes, calomnieuses, froides et dures qui nous ont blessés, dévalorisés, traumatisés et démolis on n'arrivera jamais à la joie.

Si vous avez fait de façon sérieuse le douloureux exercice proposé dans le chapitre précédent, vous savez quels ressentiments à l'endroit des autres et de vous-même vous habitent. Vous savez que l'ennemi le plus mortel de votre joie réside en vous, au plus profond de votre être.

Pour atteindre la joie, vous n'avez pas le choix, il faut l'extirper. Il serait intéressant de pouvoir vous offrir une panoplie de moyens pour contrer le ressentiment qui vous empoisonne. Malheureusement dans cette guerre, vous n'avez pas le choix des armes et il faut emprunter la seule voie efficace : une chirurgie majeure et radicale. La question est donc posée : "Comment me libérer du cancer de l'âme qui m'habite?"

Une chirurgie majeure
le Par-don

Il faut une triple chirurgie :

a) le par-don à donner aux autres;

b) le par-don à demander aux autres et;

c) probablement le plus difficile, le pardon à se donner à "soi-même".

Mais avant de passer à la salle d'opération, il importe de faire comprendre aux "patients" quels sont les enjeux de la démarche curative proposée. Voici :

En gros, être heureux c'est savoir s'aimer et aimer les autres tandis que le ressentiment consiste à haïr les autres et se détester soi-même. Cette affirmation appelle beaucoup de nuances et d'explications. Tout cela suivra mais, pour le moment, il importe de saisir cette brutale vérité qui s'exprime de façon lapidaire comme suit : <u>sans par-don, pas de joie possible!</u>

Refuser de pardonner aux autres et à soi-même, c'est s'infecter de la principale toxine qui génère les mal-heureux. Par-donner, c'est se libérer d'un fardeau que le coeur humain ne peut supporter indéfiniment sans sombrer. Pour jouir d'une paix, d'une joie et d'une sérénité intérieures, il faut parvenir à par-donner non seulement les fautes des autres, mais aussi et surtout ses fautes personnelles, sans oublier de demander pardon pour le mal que nous-mêmes avons fait aux autres.

On ne casse pas les jambes à un enfant qui commence à marcher, parce qu'il titube et s'effondre sur le plancher. On ne doit pas non plus se voir comme une ordure parce qu'on a eu des torts et des échecs. Par-donner c'est renoncer à punir, c'est faire grâce, c'est donner gratuitement, inconditionnellement. La personne qui refuse de pardonner devient à son tour le bourreau et devient, elle-même sa première et principale victime.

Chapitre quinzième
Le PAR-DON : ce que c'est et ce que ce n'est pas
Neuf affirmations

Comme il arrive souvent dans le cas de notions essentielles à notre joie, on ne nous a pas appris précisément le sens des mots et leurs implications concrètes dans la vie quotidienne. Il en va ainsi pour la notion de par-don. Essayons de voir un peu plus clair. Voici quelques rapports :

Première affirmation
Par-donner n'est pas oublier

La mémoire est une faculté de l'intelligence. Sa perte est reliée à la sénilité, le traumatisme psychique, à un virus produisant la maladie d'Alzheimer, etc. Une personne dans le cours normal de sa vie se souvient de ce qui lui arrive. Donc, par-donner ne signifie pas oublier mais, pardonner exige qu'on se souvienne autrement en exprimant une espérance pour l'avenir.

2e affirmation "L'ennemi" ne redevient pas nécessairement un intime

L'action de par-donner n'implique pas nécessairement que la personne par-donnée reprend sa place dans votre vie. Par-donner le violeur ou l'incestueux, par exemple, n'implique pas qu'on refuse de porter plainte et qu'on se mette en situation d'être de nouveau sa victime.

3e affirmation : Par-don n'est pas toujours réconciliation

Pour qu'il y ait par-don, il suffit **d'une** personne qui prend une décision. Pour qu'il y ait réconciliation, il faut la décision d'au moins **deux** personnes. Encore ici les mots sont importants et il faut en saisir le sens si nous voulons pouvoir les appliquer efficacement à notre vie.

Le par-don implique une <u>décision</u>. Il ne s'agit donc pas d'un <u>sentiment</u> avec les trémolos et émotions qui souvent les accompagnent, mais d'une décision de la volonté. On peut offrir notre par-don à quelqu'un qui nous a offensé et le voir être refusé. Il y alors par-don, mais non réconciliation. Pour qu'il y ait évacuation du ressentiment et début de l'apprentissage de la joie, le par-don, même sans réconciliation, produit déjà des effets bénéfiques.

Il est cependant vrai que le par-don demandé et accepté dans la réconciliation représente incontestablement la situation idéale, comme nous le verrons dans les pages suivantes. Il demeure toutefois très important de faire la distinction entre ces deux concepts.

4e affirmation

L'important trait d'union dans le mot par-don?

Ce trait d'union a pour objectif d'aider à comprendre le sens du mot par-don auquel nous accordons un rôle indispensable et fondamental dans l'accès à une vie de joie profonde et durable. Rappelons ici la brutale vérité : là où il y a ressentiment, pas de joie possible; or seul le par-don peut enrayer le ressentiment; donc... Pourquoi le trait d'union? Pour faire comprendre et rappeler sans cesse le sens du mot PAR-DON! En français le préfixe "PAR" signifie l'ultime raffinement, le sommet de l'excellence, le "on ne peut plus". Quelques exemples :

On peut fabriquer une chose et, à la fin, dire : "elle est faite"; mais si on a fabriqué un objet d'une qualité telle qu'on ne pourrait pas l'améliorer, on ne dit pas qu'elle est faite, on dit qu'elle est PAR-faite!

On peut regarder un chantier de construction où les travaux sont passablement avancés et dire : "Ça achève". Mais si les travaux sont presque terminés et les artisans sont en train de faire les dernières petites touches délicates pour assurer la beauté de l'oeuvre de l'architecte, on dira alors : "On PAR-achève...", ce que Larousse définit dans les termes suivants : "Mener à son complet achèvement avec un soin particulier".

Ceci étant dit, revenons au par-don. Le mot le dit, il s'agit du don par-fait. Il s'agit du meilleur don que nous puissions donner ou recevoir. Or le meilleur don est incontestablement l'amour. Le Par-don est donc la meilleure expression de l'amour et, disons-le, la fine, fine fleur de l'amour.

5e affirmation
Jésus, le professeur de par-don

Nous avons déjà accepté (ch.5, pp. ??_??) que nous ne pourrions pas par nos seuls moyens trouver la joie et que nous allions nous adresser à une puissance supérieure que nous nommerions Dieu. Il fut de plus

150

convenu entre nous que, dans le contexte de ce travail, il s'agirait du Dieu des Chrétiens.

Écoutons la leçon que nous fait Jésus de Nazareth pour nous révéler la nature du **Par-don** :

(Luc,15, 11 à 24) : "Il dit encore : Un homme avait deux fils. Le plus jeune dit à son père : "Père, donne-moi la part de fortune qui me revient." Et le père leur partagea. Peu de jours après, le plus jeune fils, rassemblant tout son avoir, partit pour un pays lointain et y dissipa son bien dans une vie de prodigue.

Quand il eut tout dépensé, une grande famine survint en ce pays et il commença à sentir la privation. Il alla se mettre au service d'un des habitants de la contrée, qui l'envoya dans ses champs garder les cochons. Il aurait bien voulu se remplir le ventre des caroubes que mangeaient les cochons, mais personne ne lui en donnait. Rentrant alors en lui-même, il se dit : "Combien de journaliers de mon père ont du pain en abondance, et moi je suis ici à mourir de faim! Je veux partir, retourner vers mon père et lui dire : "Père, j'ai péché contre le ciel et contre toi; je ne mérite plus d'être appelé ton fils, traite-moi comme l'un de tes journaliers." Il partit donc et s'en retourna vers son père.

Comme il était encore loin, son père l'aperçut et fut touché de compassion; il courut se jeter à son cou et l'embrassa longuement. Le fils alors lui dit : "Père, j'ai péché contre le Ciel et contre toi, je ne mérite plus d'être appelé ton fils."

Mais le père dit à ses serviteurs : "Vite, apportez la plus belle robe et l'en revêtez, mettez-lui un anneau au doigt et des chaussures aux pieds. Amenez le veau gras, tuez-le, mangeons et festoyons, car mon fils que voilà était mort et il est revenu à la vie; il était perdu et il est retrouvé! Et ils se mirent à festoyer."

Ce texte est très familier et peut-être l'est-il trop... au point de n'en pas ou de n'en plus saisir l'essentiel message. Examinons-le de plus près :

Évidemment, la parabole a comme premier but de nous révéler le visage de Dieu Créateur et Père. Il nous montre que le par-don est le plus beau visage de l'amour.

Quand le fils prodigue, insolent, noceur et ingrat, quitte le Père, notons que le pardon est déjà présent et infiniment disponible. Le Père, qui n'est qu'<u>Amour</u>, essentiellement et totalement, absolument et radicalement <u>Amour</u>, offre de façon puissante, permanente et ininterrompue la fine fleur de l'amour, le don par excellence : le par-don! Le texte exprime son état d'âme en ces termes d'une tendresse toute divine :

"Comme il (le fils) était encore loin, son père l'aperçut et fut touché de compassion; "il courut se jeter à son cou et l'embrassa longuement."

Mais, malgré la présence de ce par-don, il ne peut y avoir "réconciliation" que lorsque le fils acceptera. Il est intéressant de souligner que ce texte, universellement connu comme un des plus beaux sur le Pardon, montre combien il importe de bien distinguer entre ces deux mots.

Il est intéressant de noter aussi que le fils ne revient pas pour se réconcilier comme fils, car après sa bêtise il ne peut croire que son père le considérerait encore de cette façon. Non, il revient pour s'offrir comme un des

"journaliers de mon père (qui) ont du pain en abondance, (alors que) moi je suis ici à mourir de faim".

Il ne peut croire au par-don du père qui *"courut se jeter à son cou et l'embrassa longuement".*

Pourquoi? Parce qu'il ne peut se voir comme le récipiendaire de par-don! *"Père, j'ai péché contre le Ciel et contre toi, je ne mérite plus d'être appelé ton fils"*.

Quelle ne fut pas sa joie que de se voir fêté comme le fils *"que voilà était mort (et) il est revenu à la vie"*!

On dit souvent : "L'erreur est humaine, mais le par-don est divin". C'est donc à l'écoute de Celui qui nous révèle le vrai visage du Dieu, le visage essentiel du <u>Par-Don</u>, que vous êtes invité à intégrer le par-don dans votre vie comme un des principaux et indispensables fondements de l'apprentissage efficace d'une vie de vraie joie.

Pouvoir se réconcilier avec tous ceux qui nous ont ou que nous avons blessés serait évidemment l'idéal. Pour une foule de raisons, la réconciliation n'est pas toujours possible et, heureusement, n'est pas nécessaire pour que la joie soit possible.

<u>Sixième affirmation</u>

<u>Fouillez vos souvenirs</u>

Pour saisir encore mieux l'extraordinaire pouvoir curatif du par-don, souvenez-vous des moments de par-don et / ou de réconci-liation dans votre vie et <u>revivez le senti-</u>

ment de libération et de détente qui accompagne toujours ce geste.

Enfant, nous nous sommes brouillés avec notre meilleur ami, nous nous sommes dit des mots cruels et nous avons crié : "Je te hais, je ne veux plus jamais, jamais jouer avec toi, etc!" Et chacun se retrouvait de son côté, la mort dans l'âme. Quand nos parents nous demandaient ce qui était arrivé on disait : "C'est fini...à jamais!"

Dans les heures ou journées suivantes, chacun, de son côté, revivait le ou les incidents qui avaient mené au conflit et à la brisure. Subtilement, on créait des occasions de rencontre en faisant comme si c'était par hasard. On saluait l'autre de façon discrète, espérant une réponse et, lorsqu'elle venait, tous deux, soulagés, s'empressaient de dire qu'il s'agissait d'un malentendu, qu'on ne voulait pas dire ce qu'on avait dit, etc. Et l'amitié ainsi réparée reprit de plus belle.

Nous avons tous vécu quelque chose de semblable. Ce genre d'événement plutôt banal est rappelé ici pour que nous puissions nous souvenir de notre état d'âme au moment du par-don et de la réconciliation. N'est-il pas vrai que nous avons vécu la mésentente et la séparation qui s'ensuivit comme une sorte de mort? Notre coeur était en deuil. Le par-don donné et reçu nous faisait re-naître et re-vivre dans la joie. Avec le par-don, on re-commence, on re-prend la route, on est ré-animé, re-motivé, re-fait, re-créé, et en un mot, re-venu à la vie. La transformation qu'amène le par-don donné ou reçu est une image de retour à la vie humanisante, une sorte de résurrection, un retour à la vie "normale", la vie de joie.

Pensons aussi aux mésententes entre conjoints, compagnons de travail, entre voisins, dans la parenté, etc. Quelle joie nous ressentons tous lorsque les explications sont données, le par-don échangé et la réconci-liation réussie! Voilà autant d'échantillons de ce qui attend toute personne qui décide de contrer son ressentiment par le par-don.

On n'insistera jamais assez sur ce point. Nous l'avons dit au tout début de notre démarche, nous voulons aimer, être aimé, partager et nous épanouir dans la connaissance du sens de notre vie. Or le ressentiment, la haine, le désir de vengeance sont aux antipodes de ce qui est requis pour atteindre des tels objectifs dans nos vies. Donc, si nous sommes esclaves d'émotions aussi destructives que le ressentiment, il faut trouver la libération par le recours au seul remède : **le par-don.**

Septième affirmation
L'échelle du par-don

Le par-don, comme toute décision et activité humaines, peut être de qualité et d'intensité différente. Il s'agit de nuances et, surtout, il s'agit de cheminement.

Pour les fins poursuivies ici, il suffit de faire les premiers pas et, comme le veut la sagesse du dicton : commencer au bas de l'échelle et, par les exercices et le mode de vie qui vous sera proposé plus loin, gravir un échelon à la fois et grandir. Le thermomètre du pardon (p. 158) du bas vers le haut, le chemin menant à la joie.

(LE PARDON)

12.	Je pardonne et j'aime mon ennemi.	Pour lui-même et à cause de ma foi.
11.	Je pardonne mais la réconciliation que j'offre est refusée.	Pour l'autre.
10.	Je pardonne et tente la réconciliaition.	Pour moi et pour l'autre.
9.	Je pardonne et désire la réconciliaition.	Pour moi et pour l'autre.
8.	Je pardonne.	Pour moi et pour l'autre.
7.	Je pardonne.	Pour moi.
6.	Je réussis à presque tout pardonner.	Pour moi.
5.	Je réussis avec beaucoup de difficulté à pardonner un petit peu.	Pour moi.
4.	Je persiste à essayer de pardonner.	Pour moi.
3.	J'essaie de pardonner.	Pour moi.
2.	Je désire trouver la force de pardonner.	Pour moi.
1.	Je reconnais que je devrai arriver à pardonner.	Pour moi.

158

8e affirmation
Par-donner, un geste intelligent!

Le minimum requis pour <u>commencer</u> à se libérer du poison du ressentiment consiste à franchir les quatre premiers degrés qui consistent à reconnaître : qu'il faut par-donner pour arriver à la joie; que celui qui par-donne est le premier bénéfi-ciaire du par-don donné; qu'il faut désirer par-donner; qu'il faut vouloir par-donner; qu'il faut vraiment essayer de par-donner. ("être heureux, c'est "ben" de l'ouvrage!")

Ces affirmations sont claires et simples à comprendre mais, selon la profondeur des blessures reçues et l'intensité du mal souffert, le passage à l'acte véritable de par-donner dans son coeur n'est jamais facile. C'est pourquoi les arguments suivants sont proposés pour montrer jusqu'à quel point il est futile de laisser le ressentiment être l'empoisonneur de notre vie. Réfléchissons et servons-nous de notre matière grise!

Nous avons du ressentiment contre des personnes qui sont inconscientes ou conscientes du mal qu'elles nous ont fait. S'il s'agit d'inconscience, la personne ne se rend même pas compte qu'elle nous a fait mal. Je pense à une vielle tante dans ma famille qui voulait tout savoir ce qui se passait, le rapportait toujours de travers, ne respectait aucun secret, semait la bisbille partout. Pourtant, dans sa tête, elle pensait ne vouloir que du bien à tout le monde. J'ai longtemps pensé, en regardant le fonctionnement de ses maxillaires, que j'avais trouvé le secret du mouvement perpétuel! Malgré les ravages de cette bonne âme dans toute la famille, c'était inutile, stérile et pas très intelligent de se laisser empoisonner par le ressentiment. La plus objective réalité et le gros bon sens exigeaient que tous se disent que Tante... était irresponsable et inconsciente et qu'il ne fallait pas donner foi à ce qu'elle disait au sujet de l'un et de l'autre.

Mais non, on prenait tout au pied de la lettre et des membres de la parenté ont passé des années à se disputer ou à s'ignorer mutuellement dans un silence rageur à cause de Tante... J'ai même le sentiment que certains révisaient régulièrement le code criminel pour vérifier si le meurtre était encore interdit! Tante... ne s'est jamais rendue compte du mal qu'elle faisait et, dans sa perception des choses, a toujours "pensé bien faire". Tous ceux qui l'ont haïe, n'ont fait du mal qu'à eux-mêmes à cause du ressentiment qui les a habités pendant si longtemps et dont Tante... ne se doutait même pas! Il y a des personnes semblables à ma Tante... dans presque toutes les familles. Avoir du ressentiment dans de tels cas, un acte intelligent? Non!

<u>Autre situation</u> : vous avez du ressentiment contre une personne qui <u>consciemment</u> voulait vous faire du mal dans le passé et effectivement vous a fait très mal. Supposons que telle personne vous a volontairement, consciemment, froidement et gravement lésé il y a une dizaine d'années. Supposons que vous êtes encore habité par un ressentiment qui empoisonne votre vie. Supposons maintenant qu'un de vos amis va voir votre "ennemi" et lui tient le langage suivant :

"Vous avez fait mal à M...il y a 10 ans?" Réponse : "Oui et je suis très heureux du mal que je lui ai fait." Votre ami poursuit en di-sant : "Après dix ans, il en souffre encore terriblement. En fait, il est déprimé au point de devoir chercher de l'aide thérapeutique". Réponse de votre "ennemi" : "J'étais heureux de lui faire mal et je suis surpris mais doublement heureux d'apprendre qu'il en souffre encore et j'espère que sa douleur durera encore longtemps!". Votre ennemi jubile et se félicite des ravages de la tristesse dans votre vie actuelle. Votre ressentiment et votre refus de par-donner, augmentent et font perdurer la douleur que votre ennemi voulait vous infliger il y a longtemps.

Comme le ressentiment est un poison subtil! On a l'illusion que le refus de par-donner est une vengeance contre celui qui nous a blessé, tandis que, en réalité, le résul-tat est notre enlisement dans les marécages de la tristesse et de la haine, voire même de la vengeance. Dans l'exemple donné, il n'y a probablement pas de réconciliation pos-sible, mais il peut et doit y avoir par-don, dans le sens expliqué plus haut.

<u>Autre exemple :</u> personnel celui-là. En 1984, je suis tellement mal-heureux que j'en suis au point de faire éclater toute ma vie. Depuis des années je me dis que j'aimerais mieux être mort que vivant et que si je n'avais pas le foi je me suiciderais.

Dans une ultime démarche, je découvre tout le ressentiment qui m'habite à l'endroit de plusieurs personnes et institutions et, évidemment, le ressentiment éprouvé contre moi-même. J'avais, entre autres, beaucoup de ressentiment contre mon père que je percevais plutôt injustement, je le sais maintenant, avec les lunettes déformantes de mon apitoiement. Quoiqu'il en soit, mon inventaire, à ce moment-là, me faisait découvrir que j'avais beaucoup de ressentiment à son endroit. Or, il est décédé en 1970! Quinze années après, en 1985, je suis là, mal-heureux au point de vouloir mourir, tandis que mon père repose bien tranquille dans les bras du Seigneur...depuis 15 ans! Intelligent? Non!

Comme nous venons de le voir, il n'y a qu'une vraie victime du ressentiment : la personne qui se laisse empoisonner par le ressentiment, toi, le mal-heureux ordinaire dont la vie, jour après jour, devient de plus en plus lourde à supporter, de plus en plus empoisonnée.

Chapitre seizième

COMMENT PAR-DONNER?

Nous l'avons vu, il y a divers degrés de par-don (Voir tableau, ch.15, p. 158). Il y a aussi trois catégories de par-don :

- par-donner ceux qui nous ont fait du tort;

- demander par-don à ceux que nous avons blessés et;

- le par-don personnel, celui qu'on offre à soi.

Première étape : établir objectivement votre état d'âme.

1- Prenez trois feuilles blanches et au haut de chacune inscrivez les titres suivants :

a) Je pardonne à...pour...

b) Je demande pardon à...pour...

c) Je me pardonne... pour..

JE PARDONNE

À :	POUR:
À mon père iracible et dur	Pour moi, pour me libérer

JE DEMANDE PARDON

À :	POUR:
• Mon conjoint pour mon égoïsme et ma jalousie • Mes enfants pour mes mauvais exemples	Moi et pour lui, pour notre réconciliation Pour ma paix et ma joie et pour leur bien de vivre dans une "bonne" famille

JE ME PARDONNE

À :	POUR:
Mes manques de justice, de vérité, d'amour, de fidélité etc.	Moi aujourd'hui, parce que Dieu me pardonne Parce que la joie exige que je change Parce que je doits travailler à la joie des autres pour être heureux

2- En vous référant au thermomètre du pardon illustré (p. 158) décrivez votre état d'âme en ce moment-ci. On accède progressivement à la capacité de pardonner. Si vous êtes limité à dire en ce moment : "Je dois essayer de par-donner... pour moi." Faites ce pas et continuez à progresser au fur et à mesure que vous cheminez. Éventuellement, vous parviendrez à vous libérer du ressentiment suffisamment pour que la joie grandisse. C'est un combat constant car le ressentiment ne lâche jamais. Être heureux, c'est "ben" de l'ouvrage!

Situations particulières

Les circonstance font qu'il est souvent impossible de par-donner et de demander par-don, face à face. Quoi faire alors? Quelques exemples vous ouvriront des pistes :

Exemple # 1 : La personne est morte

Dans ce cas on peut trouver un coin tranquille, fermer les yeux et recréer la personne et les situations douloureuses dans notre mémoire, nous rendre compte que les choses auraient pu être autrement de part et d'autre et regretter l'amitié qui s'est brisée. Ensuite, demander pardon ou, par-donner selon le cas. Une bonne idée très libératrice consiste à écrire à la personne tout ce dont on vient de parler ici pour ensuite brûler la lettre. Ce geste signifie que la question est close et que le par-don fut donné ou reçu selon le cas.

Exemple # 2 : Dévoiler le tort qu'on a fait ferait mal à la personne à qui on voudrait demander par-don.

Pensons à l'épouse qui fut infidèle et dont le conjoint ignore le fait. Dévoiler l'infidélité en vue de demander par-don blesserait le conjoint et compromettrait le mariage. Si, pour ces raisons, on ne peut demander par-don verbalement, on peut, sans s'enliser dans une culpabilité paralysante, vraiment regretter d'avoir brisé l'engagement de fidélité. Surtout, les actions étant souvent plus efficaces et sincères que les mots, devenir l'épouse la plus fidèle et prévenante, devenir la meilleure amie et la meilleure compagne de vie de son conjoint est sûrement une excellente façon de remédier au mal qu'on a fait.

Faisons le point :

Dans cette 3e partie, depuis le dixième chapitre (p. 105) nous avons regardé rapidement ce qu'on a dépisté quant au mode d'acquisition de la connaissance de soi, des autres, du monde, etc.

Pour débuter, nous avons choisi des cibles essentielles : la découverte de nos qualités et la connaissance du ressentiment, le pire ennemi de notre joie. Ensuite, on s'est initié au par-don comme source de libération. C'est le déblayage minimum pour connaître la joie et il importe, évidemment, de tenir cet inventaire à jour en maintenant la liste de nos talents et qualités et, en même temps, en faisant constamment la guerre au ressentiment. Quand? Tout le temps. Jusqu'à quand? Jusqu'à la fin de nos jours. On l'a dit, c'est "ben" de l'ouvrage! Ces premiers exercices permettent de ralentir un peu la course de notre "cheval à l'épouvante" (p. 29).

Chapitre Dix-septième

Quatrième exercice

Redresser notre miroir déformant

1) La volonté suit ce que lui présente l'intelligence (Aristote)

(voluntas sequitur intellectum)

2) La perception de la réalité est affectée par l'état d'esprit de la personne qui la perçoit (Aristote)

(quidquid recipitur ad modum recipientis recipitur)

Le premier principe d'Aristote est évident. Hannibal traversant les Alpes avec ses éléphants (217) ne pouvait pas désirer les bombardiers et hélicoptères de la guerre du Golfe. Il ne pouvait désirer que ce qui n'existait pas.

L'importance du deuxième est moins évidente mais demeure capitale dans notre recherche de la joie. Il servira de base à une série d'exercices bénéfiques. En effet, ce que nous sommes devenus au cours des années, nos conditionnements professionnels et culturels, nos valeurs et nos préjugés teintent la réalité telle que nous la percevons et dans certains cas la déforment carrément. Des exemples :

1er exemple : L'influence de notre formation professionnelle :

- Un accident d'automobile survient à une intersection. Telle automobile, très facile à décrire précisément, entre en collision avec un autre véhicule, tout aussi facilement identifiable. La date, l'heure, les feux de signalisation et l'état de la chaussée au moment de la collision font unanimité parmi les quatre témoins.

Pourtant chaque témoin donnera sa teinte à sa perception de cette réalité, posera des questions de nature différente et ressentira des émotions fort diversifiées.

On peut être surpris que le seul fait de pratiquer des professions et métiers différents puisse affecter notre perception d'une réalité aussi nette et précise que celle décrite ici. Et pourtant, sur un coin de l'intersection, on trouve un médecin, sur un autre un avocat, sur un autre un policier et enfin, sur le dernier coin, un garagiste. On comprend facilement que le médecin se demande si quelqu'un est blessé, l'avocat cherche qui a tort, le policier se préoccupe de l'enquête et le garagiste se demande si les véhicules sont récupérables, qui les remorquera, comment il pourrait solliciter le contrat de réparation?

Ces réactions sont objectives, réelles, vraies, valides même valables. Quoi conclure alors? On voit combien notre perception d'une réalité donnée est forcément partielle, car chacun des témoins voit une partie vraie de cette réalité, mais seulement une partie, car personne ne voit tous les aspects de la réalité et ses conséquences. Aristote a raison : "la perception de la réalité est affectée par l'état d'esprit de la personne qui la perçoit."

2e exemple : <u>L'influence de la culture et des préjugés.</u>

Des événements se succèdent, le tout est projeté sur film, imaginons ce qui se passe :

- Au premier tableau on voit une femme d'un âge certain, vêtue d'un paletot et chapeau noirs et, sur son bras, sa bourse noire suspendue à sa lanière. Une grand-maman sympathique attend à l'arrêt d'autobus situé près d'un imposant gratte-ciel. La caméra fixe sa lentille sur la bourse suspendue à son bras et passe à la scène suivante.

- Dans le deuxième tableau, on voit un motard tout de cuir vêtu, les cheveux en bataille, la barbe longue et hirsute et, bien sûr, portant les éternelles grosses lunettes foncées. Il a l'air menaçant et on le voit courir fébrilement vers la grand-maman.

- La caméra nous montre alternativement, et de plus en plus rapidement, le motard courant vers la grand-maman qui attend son autobus en toute quiétude, la bourse suspendue à sa main. La distance entre les deux se rétrécit et on voit le motard, puis la grand-maman, puis le motard qui s'approche dangereusement de la grand-maman... et de sa bourse. On voit la tension et la concentration croissantes sur le visage du motard...et grand-maman ne se doutant de rien. Finalement, le motard à l'allure menaçante se rue sur cette pauvre vielle dame et la jette au sol... pour l'enlever de l'endroit où l'écraserait, à coup sûr, l'immense bloc de béton qui s'est détaché du haut du gratte-ciel et se dirige vers elle. Ainsi, grâce au courage du motard, la sympathique grand-maman a la vie sauve.

Analyse

N'ayant pas le droit de juger chacun de vous, je ne puis parler que pour moi et, à ma courte honte, j'avoue, qu'en visionnant ce film, mes préjugés ont coloré mes perceptions. J'ai réagi comme si tous les motards étaient des durs, membres de gangs criminels et capables des pires bassesses. Le film des événements m'a fait ressentir du mépris pour ce motard et de la crainte pour cette sympathique dame que je percevais comme son innocente victime. Aristote avait raison : "La perception de la réalité est affectée par l'état d'esprit de la personne qui la perçoit."

Mon erreur est grave! J'ai un préjugé, car faire de la moto, porter le cuir, avoir la barbe et les cheveux longs sont autant de comportements qui, de soi, ne signalent rien de menaçant. Au contraire, tout citoyen ou citoyenne a un droit absolu d'adopter un tel moyen de transport, de se vêtir ainsi, etc. Que les choix de ce motard ne soient pas identiques aux miens ne le rend pas pour autant condamnable. Bien plus, je pèche contre un des principes les plus élémentaires de la logique, l'art du raisonnement, en appliquant à tous les membres d'une catégorie le défaut de quelques-uns. J'ajoute que l'histoire de la criminalité implique un grand nombre de personnes meurtrières aux allures sympathiques...comme la grand-maman du film.

La différence?

La différence entre ces deux exemples est énorme. Dans le cas de la formation professionnelle des témoins, il faut reconnaître que leurs perceptions sont vraies et les émotions qui en découlent sont valides. À titre d'exemple, lorsque je regarde quelqu'un je me demande s'il est heureux, et le diététicien se demande s'il se préoccupe de son alimentation.

Dans le cas du film du motard et de la grand-mère, c'est totalement différent. La perception elle-même est fausse, conduit à des émotions (peur, outrage, colère) qui sont invalides et pourraient mener à des actions tragiques (v.g. blesser ou même tuer le motard). Le film était fait dans le but pédagogique de montrer que mal interpréter nos perceptions peut avoir des conséquences graves.

Le problème étant posé, passons à une série d'exercices pour rectifier nos perceptions

Exercice pour contrer les "néfastes généralisations"

Prenez deux feuilles blanches. Pour apprendre comment percevoir plus <u>objectivement</u> la réalité, dressez, sur la première feuille la liste des phrases générales que vous utilisez pour décrire des personnes et des situations. Cette première partie de l'exercice devrait prendre environ trente minutes.

Prenez conscience des mots que <u>vous</u> utilisez pour décrire des groupes de personnes, des phrases comme : les Anglais sont...; les femmes sont...; les jeunes sont...; les prêtres sont...; les syndicalistes sont...; les riches sont...; les assistés-sociaux sont...; les politiciens sont... Très souvent ces phrases se terminent par l'affirmation d'une caractéristique négative attribuée au groupe.

Ajoutez à votre liste de généralisations certaines manières que <u>vous</u> décrivez des situations. Listez <u>vos</u> phrases qui ressemblent à celles-ci : "Je suis "niaiseux"...; "Mon travail m'écoeure..."; "J'ai raté l'éducation de mes enfants..."; "Ma parenté est désagréable..."; "Ma vie de couple est un désastre..."

Vous avez maintenant une page des principales généralisations découlant de vos perceptions. Aristote nous le dit : "La réalité perçue est affectée par l'état d'esprit de la personne qui perçoit" (3ᵉ principe, p. 69).

Prenez maintenant votre deuxième feuille blanche pour faire les rectifications. Nous verrons plus loin l'importance de perceptions vraies pour notre vie de joie.

Écrivez une des affirmations générales que vous avez découvertes dans la première partie de cet exercice. Tracez trois colonnes sur votre deuxième feuille et en haut de chacune, écrivez les questions suivantes :

<u>Première colonne</u> : Preuves soutenant mon affirmation :

<u>Deuxième colonne</u> : Preuves contraires à mon affirmation :

<u>Troisième colonne</u> : Explications et alternatives possibles :

Affirmation générale

(Exemple) "Mon travail est crucifiant"

Preuves de l'affirmation	Preuves contre l'affirmation	Explications alternatives
Patron exécrable	Bonne rémunération	Je suis fatigué
Lieu de travail peu convenable	Travail intéressant	Horaire déplaisant
Peu d'avancement	Sécurité d'emploi	Désir de changement
Peu apprécié	Compagnons intéressants	Suis-je susceptible?
Etc.	Etc.	Etc.

Dans l'exemple qui précède, l'analyse faite permet de voir en quoi "mon travail est crucifiant"... et ce que je peux changer pour bonifier ma situation. Peut-être mon cheval est-il à l'épouvante. (pp ???). Peut être suis-je dans le syndrome de "oui, mais..." (pp ???)

<u>Reprenez le travail pour chacune des affirmations découvertes dans la première partie</u>

D'autres distorsions à éviter...

En réfléchissant et en vérifiant rigoureusement l'objectivité, la réalité de nos perceptions. Voici quelques situations trop familières :

Le patron vous convoque à son bureau. Votre réaction : "Qu'est-ce que j'ai fait encore? Il veut me blâmer... me congédier... Pourquoi catastropher? Attendez voir! Il veut peut-être vous confier une tâche spéciale, demander un renseignement, vous offrir une promotion.

Le bureau du chirurgien qui vous a opéré à coeur ouvert l'an dernier vous convoque à l'hôpital, sans faute, dans trois jours. Votre réaction : "C'est grave, je vais mourir! Il a dû découvrir un grave oubli dans mon dossier..."

Pourquoi catastropher? Attendez voir! C'est peut-être un examen de routine... C'est peut-être une mesure de prévention... C'est peut-être... C'est peut-être... Attendez voir! Voir quoi? La réalité... avant de paniquer inutilement.

Faisons le Point

1- Au cours de ce dix-septième chapitre et quatrième exercice (p. 171 et suivantes) nous avons insisté sur la véracité de nos perceptions, sur le redressement nécessaire des possibles distorsions qui, trop souvent, comme vous venez de le découvrir, arrivent en fait.

2- Nous avons esquissé quelques façons de vérifier l'objectivité de nos connaissances. Aristote et la plupart des spécialistes de ce genre de questions insistent pour dire que, pour diverses raisons, nous pouvons vivre notre vie dans la fausseté et l'illusion. C'est le miroir déformant dont on a parlé (page ? et ?) qu'il faut à tout prix rectifier pour qu'il soit possible de mener une vie consciente et responsable de source de joie.

3- Le chapitre qui suit et les exercices qu'il contient font la synthèse de ce que nous avons découvert jusqu'ici. C'est là, espérons-le, que vous trouverez le "comment" d'une vie de joie.

Chapitre dix-huitième
Cinquième exercice

Mes perceptions doivent être bien évaluées, pour que j'aie des émotions valides qui mènent à des actions ou attitudes raisonnables

Dans les exemples de l'exercice précédent, on a découvert quelques façons pour assurer une meilleure objectivité, une plus grande vérité. C'est un point de départ essentiel. Il est évident que si nous partons d'une fausseté ou d'une erreur, nous ne pouvons éviter de mal gérer notre vie.

Mais la recherche du vrai ne se termine pas là. Même si la perception est objective, elle pourrait être mal évaluée. C'est ce qui est arrivé dans l'exemple motard-grand-maman. Il s'agit bien d'un motard courant vers une grand-maman. C'est le faux principe selon lequel l'objective perception est jugée qui fait que ça dérape. Il en est de même pour l'exemple du patron qui convoque. Son invitation est objectivement vraie.

Mais ma réaction : "La seule raison pour laquelle le patron me convoquerait, c'est pour me blâmer et me gronder" est-elle vraie? Il faut donc, pour atteindre la vérité, passer à une deuxième étape, celle de bien juger, selon des principes vrais, la perception que les sens nous proposent.

L'exercice

Voici un brève liste de 12 principes d'évaluation qu'on entend très souvent. Lisez et, après réflexion, décidez combien sont vrais et combien sont fauses :

1- Si je veux que la tâche soit très bien accomplie, je dois tout faire moi-même.

2- Dans la vie, c'est mieux de ne pas trop penser.

3- C'est mieux de céder pour avoir la paix.

4- L'amour est aveugle.

5- Il est impossible de se fixer des objectifs trop élevés.

6- Qui veut peut.

7- Personne ne veut employer quelqu'un de 45 ans.

8- Si tu te la fermes, tu évites d'avoir des problèmes.

9- Aimer, c'est toujours faire ce que veut l'être aimé.

10- Je n'ai que moi-même à blâmer.

11- Qui a bu boiras.

12- Tout problème a une solution.

Décidez dès maintenant, avant de passer à la page suivante.

Évaluation :

Bravo! Si vous avez jugé que toutes ces affirmations sont <u>fausses</u>. Dans les ateliers de Pause-joie, il arrive souvent qu'on considère vraie plus de la moitié de cette liste.

L'espace ne permet pas de les analyser toute, mais arrêtons-nous à quelques-unes pour illustrer combien il faut être rigoureux pour nous assurer d'avoir des émotions valides.

Par définition, un principe doit s'appliquer à tous les cas. Ainsi, tout chiffre multiplié par deux est toujours doublé. S'il ne s'agit pas d'un principe, il faut passer à des formules comme : "souvent, la plupart du temps, quelquefois, rarement...telle affirmation est vraie." Voici :

6 <u>Qui veut peut.</u> C'est <u>souvent</u> vrai qu'un peu plus de détermination et de persévérance assure la réussite, mais ce n'est pas <u>toujours</u> le cas. Il ne s'agit donc pas d'un principe. On n'a qu'à imaginer un bègue qui veut être annonceur de radio, ou un obèse de 150 kilos qui veut être jockey, ou encore une femme qui veut devenir prêtre catholique. Le fait de vouloir, avec toute la

volonté du monde, atteindre un objectif, n'est que source de déception pour de telles personnes qui sont, avec raison, qualifiées d'être "irréalistes" (déconnectées de la réalité).

9 <u>Aimer, c'est toujours faire ce que veut l'être aimé.</u> C'est vrai que l'amour demande qu'on cherche à plaire à l'être aimé, mais pas <u>toujours</u>! On s'efforce de répondre à ce que veut l'être aimé seulement quand sa demande va dans le sens de son bien. On n'a qu'à imaginer un être aimé dépressif qui nous demande un pistolet pour se suicider ou un narcomane qui nous demande de l'argent pour se procurer de la drogue. Répondre à de telles demandes n'est pas de l'amour et peut même être criminel. Remarquons qu'il y a une forme de refus d'accéder aux demandes de l'être aimé qui se nomme "<u>tough love!</u>"

Donc, prendre une telle affirmation comme principe de vie est une erreur qui peut, dans les pires cas, mener à la négligence criminelle.

Complétez cet exercice en analysant, de cette façon, les dix autres faux principes pour vous habituer à exercer un

salutaire discernement.

Chapitre dix-neuvième

Sixième exercice

PERCEPTION-ÉMOTION

Cet exercice vous est présenté comme un des exercices <u>quotidiens</u> nécessaires à la maîtrise de votre vie, à la construction systématique de votre joie. Vous y trouverez l'application pratique de la connaissance de vous-même que les réflexions, affirmations et exercices précédents vous ont permis d'acquérir. Vous découvrirez la justesse de la pensée d'Aristote... quatre siècles avant notre ère! (L'antiquité mérite d'être étudiée et respectée plutôt que d'être globalement rejetée)

Peut-être sentez-vous maintenant le besoin d'arrêter votre cheval à l'épouvante, de redresser vos miroirs déformants, de mettre en valeur les qualités et talents que vous avez découverts. Peut-être qu'après avoir découvert le pouvoir libérateur du pardon vous voulez systématiquement combattre le ressentiment qui sournoisement vous détruit. Si oui, le terrain est déblayé et vous êtes prêt à découvrir dans votre tête et sentir dans votre coeur que la joie tant recherchée vous est accessible. Vous prenez conscience que la manière d'être normale de tout être humain, c'est une vie de joie relative, de sérénité et d'épanouissement.

Ceci étant, cet exercice-synthèse, ses explications et exemples prendront pour vous toute leur signification. Je vous invite à beaucoup d'attention.

Dynamisme et processus à retenir, analyser et apprécier... comme un trésor :

Des perceptions objectives, jugées par des principes vrais, génèrent des émotions valides qui produisent des attitudes et des actions humanisantes qui engendrent la joie.

Influence des perceptions sur les émotions

Si je vous menace avec un pistolet à l'eau que vous <u>percevez</u> comme un pistolet véritable, vous éprouverez une <u>émotion</u> de peur et même de panique qui vous ferait passer à l'action de me donner le contenu du tiroir-caisse. Mauvaise farce.

À l'inverse, si je vous menace réellement et sérieusement avec un pistolet chargé à bloc, mais vous le percevez comme étant un pistolet à l'eau, votre <u>émotion</u> en serait une d'hilarité qui conduirait à une <u>attitude</u> d'imprudence et même une action téméraire qui pourrait être fatale.

<u>La dynamique vitale de ce que nous venons de découvrir</u>

Nous venons de découvrir que pour chacun de nous, ce sont nos perceptions et leur interprétation qui constituent notre réalité, qui donnent naissance à nos émotions qui, à leur tour, commandent nos attitudes et actions. Pas bête cet Aristote!

<u>EVECA</u>

<u>Exercice quotidien de redressement!</u>

EVECA est un acronyme. Chaque lettre représente un des éléments importants de cette méthode pour assurer que nous vivons des émotions valides, fondées sur des <u>perceptions objectives</u> jugées par des <u>principes vrais.</u>

<u>É</u>vénement <u>déclencheur.</u>

<u>V</u>aleurs <u>ou principes</u> selon lesquels l'événement est interprété.

Émotions qui en découlent.

Critique : a) de l'objectivité de la perception;

              b) de la véracité et de la validité des valeurs ou principes en cause.

Ajustement de la perception et, s'il y a lieu, de l'émotion suscitée.

<ins>EXEMPLE</ins>

<ins>Événement :</ins> En entrant au travail, j'ai l'habitude de saluer les 22 personnes que je côtoie à tous les jours. Ce matin, 21 m'ont répondu un souriant "bonjour!", mais une personne m'a jeté un regard d'impatience et ne m'a pas répondu. Perplexe, je m'installe à mon bureau. Je me demande ce que j'ai bien pu faire pour que cette personne me traite si froidement. Toute la journée je me suis interrogé. J'étais triste. Comment se fait-il, comment se fait-il? Je ne trouvais aucune réponse. J'étais vraiment bouleversé.

<ins>Valeur ou principe en cause :</ins> Il faut que tous m'aiment et m'apprécient. Si on ne m'apprécie pas, c'est de ma faute.

<ins>Émotion qui en découle :</ins> Tristesse, préoccupation, inquiétude, sentiment de rejet.

<ins>Critique :</ins>

a) <u>De la perception.</u> La perception est objective. 21 une personnes ont en effet retourné ma salutation et une m'a boudé. C'est vrai!

b) <u>Du principe</u> selon lequel la perception est jugée.

1- Je nie que si quelqu'un ne m'apprécie pas, il faut que ce soit toujours de ma faute.

2- J'ai examiné mon comportement et je n'ai rien fait de répréhensible qui puisse expliquer l'attitude froide et distante dont je suis l'objet.

3- L'attitude de l'autre n'est pas de ma faute et n'est pas ma responsabilité.

4- J'ai tort de me laisser ainsi chavier. Je suis en train de gâter ma journée. C'est mal gérer ma vie que d'être inutilement inquiet et préoccupé au point d'oublier l'appréciation que me montrent les 21 autres personnes de mon milieu de travail.

5- Je vois maintenant que cette perception est mesurée par un faux principe et l'émotion que je ressens est invalide.

Ajustement : À la lumière de cette critique, je retrouve ma sérénité, je souris à ceux qui ont le bon goût de m'apprécier. Ma bonne humeur revient et je prends la résolution de ne plus laisser gâter ma joie par tous les bougons qui se trouvent sur ma route.

Agir ou réagir? Voilà la question à me poser. Tout se tient. Je suis responsable de ma vie. Être heureux est une décision, ma décision. En effet, dans la mesure où je puis me rendre le témoignage de n'avoir rien fait de répréhensible, je dois passer outre, refuser de réagir et protéger ma paix intérieure. Ma sérénité est revenue. Voilà, dans les circonstances, 21 amis sur 22 , une réalité incontestable qui, pesée par des bons principes, donne naissance à une émotion valide.

AUTRE EXEMPLE

L'événement : Après plus de dix-huit années, Farah, notre chatte siamoise, est devenue malade et il a fallu se résoudre à la faire euthanasier. Mon épouse la tient dans ses bras. Farah est emmitouflée dans une couverture de laine. Arrivés chez le vétérinaire, on la flatte pour une dernière fois, on voit ses beaux yeux bleus pour une dernière fois. Piqûre létale. C'est final. Farah ne fera jamais plus partie de notre vie.

<u>Valeurs ou principes en cause</u> : Quand un accident ou une maladie nous ravit un être aimé, il est normal que nous ressentions une grande tristesse et que le vide soit vécu comme un deuil.

<u>Émotion vécue :</u> Profonde tristesse. On voit Farah partout, tellement il semble qu'elle a toujours été là... et on se rend compte qu'elle n'y sera plus, jamais plus. On parle d'elle souvent. On refuse de se porter acquéreur d'une autre belle et bonne siamoise comme Farah. On refuse un magnifique chaton de race pure qu'une bonne amie veut nous offrir.

Critique :

a) <u>de la perception.</u> Elle est vraie. La chatte a été euthansiée.

b) <u>du principe</u> en cause. Il va de soi que la perte d'un animal qui fut là, pendant presqu'une génération et à sa façon faisait partie de la famille suscite une profonde tristesse. Si cette souffrance n'est pas obsessionnelle et n'atteint pas l'intensité de celle ressentie lors du décès d'un enfant, d'un conjoint, d'un parent ou d'un ami, elle est pleinement humaine et naturelle. C'est tellement vrai que le fait de ne pas se sentir triste dans de telles circonstances serait anormal... et inquiétant.

Attitude :

On n'a pas à s'inquiéter d'être triste à la suite de la mort de sa chatte. On n'a pas à se demander s'il est "fou" de s'en faire autant pour son "minou" mort de vieillesse. L'émotion est donc valide.

LE REDRESSEMENT

Tout ce que nous avons vu depuis le début de ce chapitre a servi à décrire comment naissent les émotions valides ou invalides qui font notre joie ou notre tristesse. Toutefois, la description du processus, comme nous le faisons depuis le début de ce chapitre, est une présentation logique destinée à faire découvrir les relations entre les perceptions et, selon l'ami Aristote, nos <u>émotions.</u>

Pour les fins de ce sixième exercice et pour mieux nous comprendre et découvrir "comment" cultiver notre joie, notre point de départ doit être un peu différent. Pour cet exercice, il faut partir des émotions!

Voici :

L'émotion est le signal

La joie ou la tristesse, l'enthousiasme ou la dépression, l'espérance ou la désespérance, etc. indiquent leur présence en nous par nos émotions. Je me sens en colère, vide, inquiet, las, mécontent de moi et des autres, fatigué et pessimiste, la vie est lourde; ou, à l'inverse, je me sens en paix, rempli de projets et d'espérance, relativement content de moi et des autres, plein d'énergie et d'optimisme, la vie vaut la peine d'être vécue. Deux importantes affirmations :

La première

Tous ces états d'âme naissent de perceptions plus ou moins objectives, jugées par des principes plus ou moins vrais qui engendrent à des émotions plus ou moins valides. Voilà la cause de la confusion du miroir déformant et la panique du cheval à l'épouvante. C'est en s'entraînant systématiquement à démêler l'écheveau qui nous habite que nous apprenons la joie, parce que nous apprenons comment gérer notre vie.

197

La deuxième

Les émotions de colère, d'impuissance, de honte, comme celles d'amitié, d'énergie optimiste et de satisfaction de soi peuvent toutes être des émotions valides. Ce sont les perceptions et les principes d'évaluation qui les produisent qu'il faut examiner.

Donc

l'exercice proposé suit les étapes suivantes :

1- prise de conscience de l'émotion qui m'habite;

2- recherche de l'événement qui l'a déclenchée (un fait actuel, un souvenir);

3- analyse de l'objectivité de la perception déclenchante;

4- analyse de la véracité du principe qui évalue la perception.

5- Modifier notre attitude et notre action si nécessaire. Si l'émotion est valide, l'exercice nous a permis de le confirmer et de mieux nous comprendre.

Faites cet exercice régulièrement, à tous les jours, plusieurs fois par jour. Si vous avez découvert plusieurs émotions invalides, choisissez une cible, une émotion sur laquelle. Vous fixez minutieusement votre attention et livrez-lui une guerre sans merci. Ensuite vous passez à une autre émotion invalide à redresser et à une autre et une autre. Jusqu'à quand? Jusqu'à la dernière minute de la dernière heure du dernier jour de votre vie. La conscience que vous avez de vos émotions et votre recherche de redressement doit devenir une habitude.

Chapitre vingtième

Exercice septième

La joie est une habitude acquise par la répétition des actes

Pensons à la place que les habitudes tiennent dans notre vie. Certains observateurs scientifiques de la condition humaine affirment qu'environ 90% de ce que nous faisons est le fruit d'une habitude, donc quasi, sinon totalement automatique.

Rappelons le principe de la psychologie rationnelle d'Aristote. Il affirmait (voir p. 70) que : "une habitude est une disposition difficile à changer acquise par la répétition des actes."

Brossons rapidement un tableau de notre réalité quotidienne pour prendre conscience de l'importante place tenue par les habitudes dans chacune de nos vies.

Voici une brève liste :

- Chacun suit "religieusement" son rituel du matin; toujours les mêmes gestes, posés dans le même ordre, de façon tellement automatique que si le rituel était interrompu inopinément, on se demanderait "où en étais-je ?"... et le dernier geste du rituel étant remémoré, on reprend en toute sécurité la chaîne "habituelle" des gestes. Chacun brosse ses dents en commençant à telle place dans la bouche, toujours la même pour finir à telle autre place, elle aussi, toujours la même. Chacun, depuis des années, et sans même s'en rendre compte, commence à se raser du même côté et la course de la lame suit toujours et rigoureusement le même itinéraire.

- On s'habille en endossant les vêtements toujours dans le même ordre, boutonnant en commençant toujours par le même point, tenant les mains et les doigts toujours de la même façon. On met son pantalon en présentant toujours la même jambe en premier.

- On commence à manger toujours de la même façon. L'un commence par les patates, l'autre par la viande, etc.

- Dans sa maison, chacun sait où trouver la vaisselle, les ustensiles, les épiceries, les condiments, etc. L'habitude est telle qu'on peut presque tout trouver les yeux fermés! Mais en visite ailleurs, quand vient le temps de faire la vaisselle, on panique quasiment si on nous demande de l'essuyer, car on ne sait pas où la classer! On n'est pas familier avec ces lieux. On n'est pas <u>habitué</u> à ces lieux.

Par contre, pour bien comprendre la dynamique des habitudes, rappelons-nous ce qu'il a fallu d'efforts à chacun de nous pour en acquérir quelques-unes. Pensons à tout le temps, toute la concentration et tout l'entraînement nécessaires pour acquérir l'habitude de s'attacher dans l'automobile. Maintenant c'est devenu automatique. On n'y pense même pas. C'est tellement devenu une habitude, qu'un jour je me rends à mon automobile quérir une cassette de musique; je monte, je m'asseois, je cherche et je trouve. Quand je veux sortir, je me rends compte que je me suis attaché... automatiquement, par habitude.

Dans le même ordre d'idées, pensons à l'habitude difficilement acquise de manipuler la souris de l'ordinateur, celle encore plus difficile de cesser de fumer, ou encore mieux, acquérir l'habitude de réussir un triple saut si on est patineur olympique.

Et puis quoi?

Le deuxième paragraphe du premier chapitre de cet opuscule se lit comme suit : "C'est remarquable combien la plupart d'entre nous ignorons les vérités les plus élémentaires gouvernant notre existence".

Toutes les habitudes décrites jusqu'ici sont d'ordre physique : se raser, manger, s'attacher, classer la vaisselle, etc. On semble ignorer que nous avons aussi, au cours de notre vie et notre cheminement, contracté des habitudes <u>psychologiques.</u>

Le chapitre huitième intitulé "incontournable famille" (pp. 81...), décrit combien la famille d'origine marque profondément chacun des enfants. Cette influence n'est pas nécessairement déterminante et irréversible. Certains enfants de bonne famille deviennent des chenapans tandis que certains enfants de familles très dysfonctionnelles deviennent des humains absolument admirables à plusieurs égards.

Tout en tenant compte de cette importante nuance, il ne fait aucun doute que nous avons tous contracté des habitudes psychologiques constructives et destructives de notre joie, habitudes à inventorier pour amplifier les uns et contrer les autres.

Comment changer les habitudes psychologiques ennemies de notre joie?

C'est déjà important et admirable que nous ayons pu au cours des chapitres précédents prendre conscience de ce qui se passe dans notre tête, dans notre mémoire et dans notre coeur. Mais la question incontournable demeure : ayant ainsi identifié les sources de la tristesse qui nous habite, quoi faire maintenant?

Fidèle à la logique et la rigueur intellectuelle d'Aristote et de ses successeurs jusqu'à ce jour, nous avons décrit une habitude comme suit : une disposition difficile à changer et acquise par la répétition des actes. D'où le titre de ce chapitre :

La joie est une habitude acquise par la répétition des actes

Donc, si nous avons, par la répétition des actes, acquis des dispositions difficiles à changer qui produisent des émotions destructives, nous devons nous entraîner à l'acquisition des habitudes contraires, celles qui produisent la joie.

Le septième exercice nous oriente donc vers le changement des mauvaises habitudes psychologiques que nous avons identifiées au cours de notre démarche et notamment celles décelées par la méthode d'analyse EVECA décrite dans le sixième exercice (Ch. 19, p. 189). Il s'agit d'**habitudes** de fonctionnement qui produisent émotions invalides qui conduisent à des attitudes et des actions qui génèrent des malaises en soi ou des conflits avec les autres.

Si, dans l'inventaire des caractéristiques et **habitudes** du mal-heureux ordinaire (pp. 37...) vous avez découvert quelques lacunes, si vous êtes habité **habituellement** par le ressentiment et éprouvez de la difficulté à par-donner (ch. 15 et 16, pp.147...), si vous avez découvert que votre perception de votre réalité manque habituellement d'objectivité et que les valeurs ou principes selon lesquels vous jugez vos perceptions sont **habituellement** déformés, vous avez, selon Aristote, à choisir <u>un</u> aspect de votre comportement que vous voulez <u>changer</u> et le <u>rééduquer</u>. Comment? **En posant délibérément, volontairement, consciemment, lucidement et de façon répétitive l'acte contraire.**

<u>Deux exemples :</u>

<u>Le premier exemple</u> est personnel. Pendant près de quarante ans j'ai été un "gros fumeur" menacé de souffrir bientôt d'une "boucanit aiguë". J'ai donc <u>décidé</u> que j'arrêterais de fumer. Pour réussir, j'ai d'abord perdu 25 livres pour me donner de l'espace (6 trous de ceinture!) pour "compenser" le vide créé par l'absence de cigarettes. J'ai choisi une date, le 10 janvier 1985. J'ai choisi l'heure, entre midi et midi trente. J'ai remis mes cigarettes à ma secrétaire en m'excusant d'avance de mes inévitables sautes d'humeur, disant que lorsqu'elle cesserait de fumer je comprendrais à mon tour. Minute après minute, heure après

heure, jour après jour, semaine après semaine, mois après mois, j'ai dû <u>décider</u> de nouveau que je <u>voulais</u> cesser de fumer. Je me rappelais les améliorations dans ma santé, l'argent que j'épargnais, ma liberté retrouvée face au tabac, ma valorisation à l'occasion de chaque petite victoire. J'ai repris mes six trous de ceinture et il a fallu attendre près de trois ans avant que je puisse passer une journée sans penser à ma maudite cigarette.

Il est vrai que la nicotine quitte le système en assez peu de temps. Ce qu'il faut surmonter, c'est la dépendance psychologique acquise durant quarante années vécues avec la cigarette suspendue aux lèvres du lever au coucher... et même durant la nuit! Jour après jour la victoire devenait moins ardue mais demeurait difficile. La seule façon de tenir consistait à rappeler constamment mon ardent désir d'être finalement libre. C'est fait! Facile? Non! Source de joie? Oui, oui, oui! Là, comme pour toutes les décisions importantes de notre vie, être heureux, c'est "ben" de l'ouvrage.

<u>Le deuxième</u> exemple décrit une situation très courante chez les mal-heureux ordinaires : la mésestime de soi.

Depuis le début de notre démarche, de façon plus ou moins explicite, nous avons situé notre malaise (mal-aise) dans la perception négative de soi, transmise par beaucoup, pour ne pas dire la majorité, des familles et leur mainte fois pernicieuse pédagogie quant à l'éducation des enfants. Cette vision tordue des droits absolus des parents qui inspire la relation de certains parents avec leur enfant, en route vers la vie adulte, est souvent une source majeure de la mésestime de soi. Pour vous en rendre compte,

<u>Souvenez-vous :</u>

1- de votre difficulté à rédiger la liste de vos qualités (un commerce qui ne fait pas un inventaire régulier...);

2- de vos perceptions et de leur relation à la réalité. Dans la mesure où elles sont fausses, les émotions qui en découlent sont invalides et peuvent être destructrices;

3- de la mesure de véracité ou de non-véracité des principes selon lesquels vous jugez ce que vous percevez;

4- du fait que, compte tenu de ce qui précède, nous avons acquis, au cours des années et des décennies, des mauvaises habitudes mentales, des automatismes psychologiques qui produisent la tristesse et empêchent notre épanouissement.

Il faut nous rééduquer!

Nos réflexes doivent correspondre "automatiquement" à notre valeur réelle et susciter en nous une fierté légitime sans être orgueilleuse, fierté à laquelle correspond l'obligation de valoriser nos qualités et de développer nos talents pour notre plus grande joie et celle des autres.

Tout cela, nous le savons, est "ben de l'ouvrage". Voici donc un travail qui vous permettra de prendre confortablement conscience de votre valeur réelle et objective. Il s'agit, vous vous en doutez, de poser une répétition des actes pour contrer les voix intérieures qui vous déprécient. Il s'agit aussi de façon fréquente, systématique et consciente de mettre en oeuvre autant de sens que possible pour atteindre l'intelligence.

Prenons la phrase suivante :

**"Je, votre nom, suis une personne valable,
faite à l'image de Dieu et je suis digne
de respect."**

Voilà le message que nous voulons "enregistrer" dans notre intelligence... parce que ce message est le vrai. Comment alors impliquer les sens et arriver à une répétition suffisante des actes pour que cette **bonne habitude** remplace la **mauvaise habitude** de mal nous voir. Revenons à notre phrase et impliquons le toucher, la vue et l'ouïe. Il s'agit d'écrire en répétant à haute voix :

"Je, **votre nom**, suis une personne valable, faite à l'image de Dieu, et je suis digne de respect."

- En écrivant, on touche et on voit et, en répétant à haute voix, au fur et à mesure qu'on écrit, l'ouïe est alimentée.

- La répétition des actes est acquise par le fait que l'exercice exige que vous écriviez cette phrase, (ou une autre convenant mieux à vos circonstances que vous trouverez plus loin), dix fois chaque matin et dix fois chaque soir avant le coucher, pendant trois semaines.

- Pour plus d'efficacité, certains spécialistes suggèrent que l'écriture soit faite par la main contraire à celle qui vous est naturelle; main gauche pour le droitier et la main droite pour le gaucher.

- On suggère aussi d'enregistrer la phrase sur cassette audio et de la faire jouer dans l'automobile ou de la placer dans un magnétophone autorépétitif et le laisser jouer toute la nuit à bas volume pour mieux pénétrer le subconscient.

Autres affirmations constructives de la joie

-Je, votre nom, mérite qu'on reconnaisse mes succès, qu'ils aient été atteints difficilement ou pas.

- Je, votre nom, puis dire "non" à quelqu'un sans perdre son amitié ou son amour.

- Je, votre nom, suis aimable et plus je m'en rends compte plus c'est vrai.

-Je, votre nom, sais qu'il ne suffit pas de vouloir pour pouvoir, mais je dois essayer de tout faire ce que je peux pour m'épanouir et être heureux.

- Je, <u>votre nom</u>, suis responsable de ma vie.

- Je, <u>votre nom</u>, serai heureux dans la mesure où j'apprendrai à gérer ma vie.

- Je, <u>votre nom</u>, sais que j'ai beaucoup de qualités et de talents et que je puis me construire une vie significative, utile et épanouissante.

Cette façon de rééduquer nos automatismes, de rectifier nos perceptions et de nous imprégner de principes vrais pour les évaluer est exigeante mais très efficace. La méthode EVECA (p. 189) permet la <u>découverte</u> des lacunes dans notre façon de voir et d'évaluer. Mais ça ne suffit pas. Il faut aussi une longue répétition des actes (Aristote dixit) pour que la mauvaise habitude soit transformée (passe d'une forme à une autre).

Un autre geste important consiste à participer à un groupe recherchant la même qualité de vie que vous et la même intensité de joie. Il faut faire le plein de temps en temps.Un tel groupe fournit l'occasion de vous faire des amis avec lesquels partager vos victoires et vos difficultés en toute liberté. Il ne s'agit pas d'une dynamique des groupes. Il s'agit d'une atmosphère favorable à la découverte du fait que d'autres aussi ont les mêmes difficultés que vous et, comme vous, luttent pour les surmonter. Vous n'êtes plus jamais seul.

Chapitre vingt et unième
Réflexions, pensées, commentaires et
une description
Lavage de cerveau?

Voilà la question que me demanda un
stagiaire à un des ateliers de Pause-Joie.
La réponse? Oui! Mais pas un lavage
imposé à une victime innocente dans le
but de lui faire avouer des faussetés.
Plutôt une rééducation pour acquérir la
précieuse habitude sans laquelle la joie est
impossible. Il s'agit d'aquérir comme une
seconde nature, l'habitude de bâtir sa joie
en comprenant que :

**Des perceptions objectives, jugées par
des principes vrais, génèrent des émotions valides qui produisent des attitudes
et des actions humanisantes qui engendrent la joie.**

Responsable !!!

On a vu que le mal-heureux est souvent rempli de ressentiment, rumine le passé et craint l'avenir. Il rend les autres et les circonstances responsables de tout ce qui lui arrive. À la réflexion, il devient évident que le genre de personne que nous sommes est la résultante d'une décision personnelle intérieure et non pas des seules influences extérieures. Celui qui a trouvé le <u>pourquoi</u> de son existence, le sens de la vie, et qui empêche son "cheval de partir à l'épouvante" trouvera <u>comment</u> vivre sa vie. Être heureux, c'est gérer efficacement sa vie. Gérer, c'est prendre des décisions. Prendre des décisions humanisantes et signifiantes, c'est construire une vie emballante et épanouissante.

Vous n'êtes pas responsable des comportements plus ou moins bénéfiques ou nocifs de vos parents, de la famille, de l'école, de l'Église, de la société, de toute autre institution ou de tout individu à votre endroit.

Vous êtes responsable de votre réaction à tout cela. Vous êtes responsable de vos attitudes, vous êtes responsable de vos décisions, vous êtes responsable des moyens que vous mettez en oeuvre pour contrer les effets négatifs de vos blessures, vous êtes responsable de la découverte et utilisation à bon escient de vos qualités et de vos talents, vous êtes responsable en bonne partie de votre santé physique, mentale et psychologique. Vous êtes responsable de gérer votre vie telle qu'elle se présente aujourd'hui.

Viktor Frankl, psychiatre allemand et père de la logothérapie, parlant de sa propre vie dans les camps nazis et commentant les comportements de ses compagnons d'incarcération tenait les propos suivants : "Whatever we had gone through could still be an asset to us in the future." Tout ce qui nous arrive pourra nous servir dans l'avenir! Ensuite, il cite Nietzsche : " That which does not kill me, makes me stronger." Ce qui ne me tue pas, me renforce!

Non seulement les événements vécus, mais aussi tout ce qu'on a fait, tout ce qu'on a pensé, tout ce qu'on a désiré, tout ce qu'on a souffert, tout cela, quoique situé dans le passé, nous appartient et peut fournir un précieux éclairage pour les décisions que nous avons à prendre aujourd'hui.

Un poète disait : "What you have experienced, no power on earth can take from you." Ce que tu as vécu, personne ni aucune puissance ne peut te l'enlever!

On a donc un choix à faire, une décision à prendre. On peut refuser toute responsabilité pour notre vie, disant que tout est joué, que le sort en est jeté, parce que dans le passé on a été lésé, on n'a pas eu autant de chances que les autres, etc. On plonge alors tête première dans l'apitoiement en déclinant d'interminables jérémiades. Ou, on doit assurément prendre inventaire de nos blessures, mais aussi découvrir nos qualités et talents et prendre la responsabilité personnelle de gérer notre vie. Il n'y a pas d'illusion plus désastreuse que celle d'accepter notre impuissance à agir sur notre vie. Nous valons ce que valent nos décisions et c'est à chacun de nous qu'incombe l'inéluctable responsabilité de gérer nos vies et de les mener à la plus grande plénitude possible et cela, dès aujourd'hui.

<u>Aujourd'hui !!!</u>

Le mot "aujourd'hui" semble en être un dont le sens profond nous échappe. On l'a dit, on prend souvent l'évidence pour acquise, sans prendre conscience des implications concrètes pour notre vie et les conséquences sur nos comportements. Nous connaissons tous au moins un des nombreux adages soulignant l'importance du moment présent en disant que hier est passé et demain n'existe pas encore. Et pourtant, en faisant fonctionner nos petites cellules grises, nous serons peut-être confrontés à une toute autre perception de "aujourd'hui".

À bien y penser, ce que chacun de nous appelle : "ma vie", correspond à ma présente respiration, à la pulsation de mon coeur en ce moment. Si je ferme ma bouche et me pince le nez, en quelques instants mon nom se retrouve dans le journal sur la page intitulée : "nécrologie". L'aujourd'hui, c'est fragile!

À bien y penser, si j'écoute le tic-tac de l'horloge, tac veut dire que tic est passé à jamais. L'aujourd'hui est fugitif, fugace, à peine saisissable.

À bien y penser, je ne peux rien, rien!!! changer au millionième de seconde qui vient de passer. L'aujourd'hui devient rapidement histoire, immuable et irréversible.

À bien y penser, nous l'avons vu, nous valons ce que valent nos décisions. Seul le moment présent nous offre le temps et l'occasion de prendre les décisions constructives de notre joie. C'est quand le bateau est au quai qu'il faut monter. Ne pas utiliser de façon féconde le moment qui passe, c'est le perdre à jamais. Rabâcher sans cesse le passé, se laisser empoisonner par le ressentiment, refuser de par-donner, se laisser paniquer par la peur de l'avenir, c'est perdre le moment présent à jamais. Perdre une minute soixante fois, c'est perdre une heure; 24 fois, c'est perdre une journée; sept fois, une semaine; 52 fois, une année! Combien d'années avons-nous ainsi perdu? Perdre son temps, c'est perdre sa vie. L'aujourd'hui, c'est ma vie, c'est toute ma vie actuellement, c'est le seul moment qui m'est donné pour prendre la décision d'être heureux. L'aujourd'hui, c'est la toile de fond sur laquelle se déroule toute ma vie. Quand bien même un ange me révélerait que je mourrai à telle heure, tel jour de tel mois de l'année 2019, je ne pourrai rien changer au fait incontournable que ma vie correspond à une suite de "moments présents" et c'est de jour en jour, de semaine en semaine, etc. que je construis ou détruis ma joie. L'Aujourd'hui, c'est précieux comme la vie!

<u>Merci !!!</u>

Souvenons-nous du cheval à l'épouvante qui ne voyait pas les belles pommes et autres douceurs que sa vie lui offrait. Le mal-heureux doit constamment garder à l'esprit la réalité objective de sa vie.

Il est clair que si, comme le sait tout commerçant sérieux, on ne fait pas un inventaire régulier (quotidien!) de nos qualités et lacunes, on perd contact avec notre vie, on n'est plus conscient de ce qu'on doit gérer pour être heureux.

Une bonne façon pour celui qui veut apprendre comment être heureux consiste à dresser une liste des raisons pour lesquelles nous devrions être reconnaissants et dire "merci !"

Sur le plan physique, arrêtez votre réflexion sur différentes parties de votre corps et demandez-vous ce que serait votre vie si tout ne fonctionnait pas normalement. Regardez votre pied, merveille d'ingénierie biologique. Imaginez la fracture ou l'absence de la moindre petite articulation ou du petit os... et ce merveilleux pied, devenu défectueux, fait de vous un handicapé. Merci pour ce pied qui fonctionne à merveille. Regardez votre genou dont la merveilleuse flexibilité et versatilité permettent de faire tellement de choses agréables : marcher et aller en tout temps là où l'on veut, danser, skier, patiner, courir, monter et descendre les escaliers, etc. Pensez à vos yeux et essayez d'imaginer une vie sans lumière, une vie où vous ne pourriez plus jamais voir l'éblouissante beauté d'un lever ou coucher de soleil, la symphonie des couleurs d'automne et l'étincelante splendeur d'une belle journée d'hiver, sans oublier l'énergisante sensation de voir la vie resurgir de toutes parts quand vient le printemps. Pensez à tous les beaux spectacles de théâtre, des pageants de toutes sortes et les oeuvres d'art, fruit du génie créateur des plus grands artistes de l'histoire du monde. Pensez que vous ne verriez plus jamais le visage de ceux que vous aimez, le sourire de votre enfant, etc. Oui, oui merci pour mes yeux.

Pensez à l'ouïe qui vous permet d'entendre la musique de la nature, la brise dans les arbres, le clapotis du ruisseau et le chant des oiseaux. Pensez surtout à la plus belle musique du monde qui dépasse tout ce qu'a pu créer Mozart ou Beethoven, celle où votre enfant qui vous dit : "Papa, Maman, je t'aime". Tout cela désormais disparu et vous vivez désormais dans une prison de silence. Merci pour mes oreilles qui entendent le monde dans lequel je vis.

Sur le plan mental, pensez à votre intelligence et ses fonctions : mémoire, créativité, débrouillardise, intuition, jugement etc. et voyez vous, en imagination, démuni par un accident de la naissance ou par la maladie. Merci pour ma santé mentale.

Sur le plan social et politique, malgré les limitations de toute organisation, reconnaissons notre liberté, notre vie en démocratie, la protection garantie par des chartes des droits, les services sociaux, ceux d'éducation et de santé etc. Pensez à tous les pays où la corruption est au pouvoir, où la démocratie est inexistante, où l'analphabétisme est très répandu, où la famine prévaut, où les tensions internes s'expriment en de sanglantes et interminables guerres civiles. Merci pour le pays où je demeure.

La famille occidentale mérite beaucoup de critiques, nous l'avons vu, tellement elle est dysfonctionnelle dans certains cas. Malgré ce lourd dossier, la famille, pour des raisons évidentes, demeure l'endroit privilégié des échanges gratuits, de l'appartenance radicale, des mystérieux liens biologiques, génétiques et psychologiques.

Pensez aux enfants qui, quoique adoptés par des couples généreux et aimants qu'ils considèrent avec joie et reconnaissance comme leur père et leur mère, sont habités néanmoins par l'obsession de retrouver leurs "vrais parents", leur "vraie" mère, leur "vrai" père.

Pensez à tous ceux qui, à l'époque des fêtes très familiales comme Noël, Pâques, Fête des mères, celle des pères, leur propre anniversaire de naissance, etc. n'ont pas de famille avec qui partager joie et affection, sont solitaires et dépressifs et, dans certains cas, suicidaires. Merci pour ma famille, mes parents, frères et soeurs, oncles et tantes, cousins et cousines, ma famille, imparfaite mais mienne! On pourrait continuer cette liste ad infinitum tellement sont nombreux les motifs d'apprécier notre vie quelle qu'en soit la qualité. Merci pour la vie!

L'aventure commence

Ce livre vous convie à un changement de mode de vie. Il s'agit d'effectuer le passage de la tristesse à la joie, de la lassitude à l'enthousiasme, de l'illusion à l'objectivité, de la démission à l'engagement, de l'inquiétude à l'assurance, de la fatigue à l'énergie. La joie est le fruit de décisions personnelles conscientes et responsables orientées systématiquement vers la construction d'une vie dont on a découvert le sens. En fait, vous êtes appelé à une vision de votre vie qui n'est ni négative, ni positive mais objective, réelle, concrète, un chantier en construction dont vous êtes à la fois l'architecte, l'entrepreneur et le contremaître.

Nous avons fait ensemble un bout de chemin et j'ai partagé avec vous ce que j'ai mis des années à découvrir. Je vous invite à vivre pleinement votre vie, une vie dont chaque moment peut être précieux et épanouissant, où chaque jour est accueilli comme une aventure à vivre, où même la souffrance, inévitable dans toute existence, devient occasion de croissance.

On constate souvent que certaines personnes ont peur du changement et de l'effort requis pour l'effectuer. Elles préfèrent continuer d'endurer un malaise familier qu'elles ont apprivoisé plutôt que de s'engager sur l'exigeante et féconde route qui mène à une vie meilleure. Tous les enfants d'Israël n'ont pas écouté Moïse qui les invitait à quitter l'esclavage de l'Egypte et d'entreprendre la marche vers la terre de liberté. Ils ont évité les difficultés du passage au désert, mais ils n'ont jamais connu la joie de la liberté. Être heureux, c'est "ben" de l'ouvrage! À vous de choisir!

Réagir ou agir?

Deux amis et compagnons de travail jasent en marchant vers leur lieu de travail. L'un d'eux s'arrête chez le dépanneur du coin pour acheter un journal. Ce matin-là, le commis est d'humeur massacrante. Le client, en présence de son ami, ne répond rien à ces impertinences, impolitesses et sautes d'humeur. Il sourit, paie son journal et autres petits achats et se dirige vers la porte suivi de son ami. Rendu sur le trottoir, ce dernier, bouleversé, apostrophe son ami : "Comment as-tu pu demeurer silencieux devant une personne aussi désagréable? À ta place, je lui aurais dit ma façon de penser et il s'en serait souvenu longtemps, je te l'assure."

Son ami répondit : "Tu réagis et moi j'agis. Tu réagis aux autres et moi j'agis sur moi-même. Il est vrai, ce pauvre commis a très mauvais caractère. C'est tragique. J'aurais pu réagir comme toi, être bouleversé, indigné et me laisser aller à la colère. J'aurais ajouté à la tragédie. J'ai choisi plutôt d'agir sur moi, de garder mon sang-froid. Je refuse de laisser gâter une minute de ma journée, voire toute ma journée, par un malappris. Je me limiterai à ne plus fréquenter ce commerce, mais je n'y sacrifierai pas ma paix intérieure." Refuser de réagir et se laisser bouleverser devant une situation qu'on ne peut changer, c'est être maître de soi et de sa vie, c'est s'engager sur le sentier de la joie.

Un autre exemple, personnel celui-là : je venais d'acheter une auto neuve. À ce moment-là, entre autres, je collaborais de très près, à titre de bénévole, au fonctionnement d'une maison pour venir en aide à des alcooliques et toxicomanes ayant une histoire d'itinérance. Comme il arrive souvent, ma belle auto neuve avait attiré l'attention et suscité des commentaires élogieux de la part des résidants. Quelques jours après l'achat, survient un accident dont je ne suis pas responsable. Ma belle auto subit quelques milliers de dollars de dommages. J'arrive à la maison où un résidant regarde l'auto dont une aile et une porte sont passablement amochées. Il dit : "Si c'était mon auto, et si ça m'était arrivé, j'aurais fait une colère dont se souviendrait longtemps celui qui m'a frappé. Je ne comprends pas que tu prennes cet événement de façon si calme". Je lui répondis : " Si j'étais certain qu'une colère réparerait mon auto et m'éviterait toutes les tracasseries inhérentes à un tel événement, je vous montrerais, mon ami, une colère capable de faire lever la peinture sur le mur. Mais en fait, une fois la colère passée, je serais fatigué et vidé, ma tension artérielle atteindrait d'inquiétants sommets...et mon auto serait toujours stationnée là, l'aile tordue et la porte monstrueusement enfoncée. Donc, peine perdue et je serais la seule victime d'une telle perte de contrôle de mes émotions." Réagir ou agir, le choix est à chacun de nous. L'enjeu? La paix et la sérénité sans lesquelles toute joie est impossible.

Une description

La pédagogie traditionnelle voudrait qu'un livre consacré à l'apprentissage de la joie débute par la description de cette joie pour ensuite approfondir cette notion au cours de la présentation. J'ai opté pour le contraire : essayer d'amener le lecteur à découvrir et ressentir une certaine joie au cours de la démarche proposée. Dans la mesure où cette démarche fut féconde, le lecteur reconnaîtra la vérité de la description proposée maintenant :

La joie, c'est l'esprit de sagesse qui vit en chacun de nous. Rien n'égale la joie, rien ne peut lui être substituée de façon efficace ou permanente, c'est un guide subtil et merveilleux, c'est la capacité de percevoir objectivement sa vie, de la mesurer à l'aune des valeurs et principes vrais, d'être capable de discerner la validité des émotions vécues. C'est avoir la lucidité d'ap-

précier ce que notre vie comporte de beau et de merveilleux et le courage de mettre en salutaire perspective les inévitables inconvénients et souffrances de toute vie humaine. La joie, c'est la construction quotidienne de notre liberté, c'est le chemin difficile mais essentiel de notre libération des peurs paralysantes, de l'apitoiement, de la culpabilité, de l'égoïsme et des autres parasites de l'âme. C'est la découverte de la Source (Dieu pour plusieurs et l'humanisme pour d'autres) qui donne sens à notre vie, c'est le déblaiement constant et quotidien des blocages, c'est l'apprentissage permanent d'un mode de vie épanouissant, sans cesse en progrès et en transformation. Être heureux, c'est vivre vraiment, c'est devenir vraiment humain, c'est vivre de façon signifiante, c'est avoir découvert le sens de la vie et s'efforcer d'harmoniser chaque jour sa vie au modèle découvert.

Mon souhait

Nous avons commencé notre démarche en disant que depuis des années les vérités les plus élémentaires, importantes et essentielles sont celles qui nous échappent. J'ose espérer que ces quelques pages de réflexion sur la qualité et le sens de la vie et de la joie qui accompagne sa découverte vous rendent service. J'aime croire que cette lecture vous amènera à redonner à ces vérités la place qu'elles méritent dans toute vie vraiment humaine.

Je termine en paraphrasant avec enthousiasme et profonde émotion la pensée de l'admirable Viktor Frankl dans : "Man's search for meaning" où il commente la déhumansation de la psychiatrie. Il affirme que longtemps, la psychiatrie a vu l'être humain comme un mécanisme et la thérapie des difficultés mentales comme une technique. Un médecin ou un psychologue se restreignant à une vision aussi ratatinée de son rôle doit conclure qu'il voit la personne qui s'adresse à lui comme une machine biologique ayant besoin de réparation plutôt qu'une personne souffrante.

Indigné, Frankl continue en proclamant que la personne humaine n'est pas une chose, une chose entre autres choses, mais un être qui, en dernière analyse, à coup de décisions se construit et détermine ainsi quelle sorte de personne il est et sera. Le chosifier, c'est le nier.

Commentant sa vie dans les camps de concentration qu'il décrit comme un "laboratoire vivant et un observatoire unique", il a vu certains humains se comporter comme des ordures et d'autres comme des saints. Chaque personne, dit-il, porte en elle les deux potentialités. Laquelle des deux est choisie dépend des décisions des personnes et non des conditions dans lesquelles elles se trouvent. Dans le cas, c'est l'homme qui a inventé et organisé les chambres à gaz d'Auschwitz, mais l'homme est aussi l'être que j'ai vu entrer dans ces mêmes chambres de la mort, la tête haute priant l'un le Notre-Père et l'autre le Schema Yisrael.

Nous voilà donc au bout de notre parcours. J'espère que ce petit livre vous a rendu service, que vous retiendrez l'essentiel de la démarche proposée et adopterez la plupart des valeurs décrites et analysées. Si tel est le cas, je prie afin que vous y trouviez la joie tant recherchée.

Je vous supplie, de retenir, au minimum, ce qui pour moi est une incontournable vérité, celle-ci : Je dois être conscient que je suis responsable de ma vie et que je suis le seul à détenir le pouvoir de la changer dans le sens désiré. Nous valons ce que valent nos décisions et je souhaite vous avoir convaincu que "la joie, ça s'apprend!" et que la vie vaut la peine d'être vécue. À vous de décider dès aujourd'hui. La qualité de votre vie est entre vos mains!

REMERCIEMENTS

On dit que l'écriture est le travail le plus solitaire qui soit. Je crois que Pascal exprimait l'idée selon laquelle l'auteur d'un livre apporte à peine 3% de véritables trouvailles personnelles à son oeuvre, tout le reste étant héritage de son milieu et de la culture et des valeurs dont il est porteur. Je suis porté à croire que c'est vrai.

Je remercie tous ceux, trop nombreux pour les nommer qui, de près ou de loin, ont contribué à ce que je suis devenu, aux idées que j'ai épousées et aux valeurs que j'essaie, plus ou moins maladroitement, de transmettre dans les fonctions qui sont les miennes.

Je remercie plus spécifiquement les centaines de personnes qui, depuis le 20 octobre 1985, ont découvert dans le cadre de Pause-Joie inc.(société sans but lucratif d'inspiration chrétienne), les effets durables de l'application à leur vie d'une bonne partie du contenu de ce livre. Ces amis m'ont fait découvrir ma terrible fragilité puisque, dans presque tous les cas, leur souffrance est plus profonde, les causes plus graves et leur courage tellement plus grand que le mien. Je les remercie et chaque page de ce livre porte la marque de leur admirable cheminement.

Je remercie mon épouse, Cécilia qui a toléré, dans un silence relatif mais généreux, mes nombreuses heures en tête à tête avec mon ordinateur. Je la remercie pour au-delà de quatre décennies de presque parfaite patience à vivre mariée au mal-heureux ordinaire que je fus pendant si longtemps.

Je suis fier de mon fils Bernard et j'admire l'homme qu'il est devenu. Je dis mon amour à ceux qui, par alliance ou génération, sont devenus "les miens" : Nathalie, Francis et Catherine.

Je rends grâce au Dieu des Chrétiens que mon cheminement m'a fait mieux connaître et qui m'aime inconditionnellement et infiniment, malgré que je continue de l'aimer si mal en retour. J'appelle sa bénédiction sur tous ceux qui précèdent et sur chaque personne fréquentant ces quelques pages à la recherche de la joie pour laquelle Il nous a tous créés.

G.C.

TABLE DES MATIÈRES

Première partie :
Regards sur la réalité

BIBLIOGRAPHIE

Note

Les circonstances ont voulu qu'au cours des années, j'ai surtout consulté des ouvrages publiés en anglais. Il faut noter que depuis ce moment plusieurs furent traduits en français.

Bradshaw John : *Healing the shame that binds you.*
Health Communications Inc. 1988.
Bradshaw on the family.
Health Communications Inc. 1988.
Creating Love. Bantam Books. 1992.

Grenier Henri : *Cours de philosophie. Tome 1: logique, philosophie de la nature et métaphysique.*
Les Presses Universitaires Laval. 1951.

Frankl Viktor E. : *The Doctor and the Soul.* Alfred A. Knopf, Inc. 1955.
Man's Search for Meaning. Édition de Pocket Book. 1963.
The Unheard Cry for Meaning. Simon and Schuster, série Touchstone. 1979.

Hendrix Harville : *Getting the Love You Want.* Henry Holt and Company. 1988.

Powell John : *Fully Human, Fully Alive.* Argus Communications. 1976.
Happiness is an inside job. Tabor Publishing. 1989.

Varillon François : *Beauté du monde et souffrance des hommes.* Le Centurion, série «Les interviews». 1980.